民事法の争点

田中ひとみ 著

信　山　社

はしがき

今日、世界の統合の動きが、加速しており、日本の法改正が、喫緊の国家戦略とされる。今後の議論を期待し、本書を捧げる。民法典、民事訴訟法典等の抜本改正が重要とされるが、その契機となれば、幸甚である。

1・7「クラス・アクション」(「判決効とクラス・アクション」、「クラス・アクションと消費者保護」)……EU・米国では、共同訴訟は、クラス・アクションが中心であり、古くから活用されている。日本民事訴訟法平成一〇年改正に於いては、多くの、「共同訴訟」が見送られた。ただ、平成一〇年改正前の主参加が廃止されたように、補助参加も欧米のクラス・アクションにいう参加(OPT-IN)ではなく、フランス古法(一一〇〇年代頃)の本訴と併行する督促に類似する制度であった。日本に於ける参加という概念は欧米の参加(OPT-IN)ではなく誤用である。その後の日本法の独立当事者参加も、債権者・債務者を複雑にし、二当事者対立関係のみで良い。第三者が当事者として介入する余地はない。二当事者対立構造としての参加が、欧米の共同訴訟として観念しうるのみである。債権者代位権により、補助参加、独立当事者参加が明治期に採用された。しかしながら、日本にいう参加は本来の参加ではない。明治期以来の日本法の共同訴訟は、日本特有な概念であり、今日、民法と同様、欧米の法制度へ移行すべきであると思われる。クラス・アクションは、特にアメリカ合衆国に於いては、一九世紀中葉は、株主訴訟が、多発した。近時は、証券詐欺事件、大型不法行為事件が特徴的である。

実質的な利益を有する多数（複数）個人乃至組織が訴える手法であるが、権利や責任の実効性ある判決がなされる。有効活用されるべきであろう。日本独自の共同訴訟観は、何ら訴えに有効ではない。通常共同訴訟、固有必要的共同訴訟という三分類は、不要である。家事事件、行政事件、会社訴訟、消費者訴訟（製造物訴訟、薬害、証券詐欺、リコール等）、大型不法行為訴訟（公害、薬害、証券詐欺、リコール、等）の場合、原告適格と判決効は、一般的効力（本論に、後述）から、民事訴訟法と同様で良い。これらも一つの共同訴訟の類型、クラス・アクションである。民事訴訟の共同訴訟の判決効ないし対世効の考え方がそのまま妥当する法改正が不可欠であろう。本書4「新しい判決の効力」を参照願いたい。

また、宣言的な判決は、一般的効力から、真実、真正とされ、これは、対世的効力がある。契約も判決も市民社会の前提であり、同様に真実のものとされるべきである。天下万人に主張できる、対世効を契約も判決も有する。真理、正義とされるべきであり一般的効力と名付けた。これに対し、クラス・アクションでは、共同訴訟かつ、潜在的当事者のため、欠席者にも、一回的統一的解決及び救済の為に判決効が及ぶ。しかし、判決効の例外として、オプト・アウトした当事者には、判決効は停止し、およばないこととされる。独自に固有の抗弁（過失、損害など）を行い、納得の行く訴訟追行を認めることとなる。裁判を受ける権利（憲法三二条）、及び、当事者権の要請、尊重のためである。

通常、欠席の扱いは厳格である。しかし、クラス・アクション、例えば、消費者訴訟等では、訴訟の存在を知らない、あるいは、経済的な理由から、訴訟追行できない場合があろう。この救済が図られており、判決効は、この点、特別な主観的拡張を行っている。適切な代表がない場合、別訴が可能である。筆者は、判決確定後は、通知の無い場合も別訴が可能と考える。手続保障の程度、厳格さの問題である。手続権から、アメリカ合衆国とは、異なる見解である。また、付言するとオプト・アウトする場合、違法性、因果関係は、前訴を援用し、過失及び損害につき、別個の主張をする場合があろう。このような場合は、制限的対世効とし、手続が可能と考える。以上、クラス・アクションの判決効の論点を挙げた。今後の法改正を強く要望したい。なお、一般には、後訴においては、新事実と固有の抗弁以外は、提出できない。なお、クラス・アクションは、改正作業のための昨年民事訴訟学会（於一橋大学）二日目午後のシンポジウムのテーマであった。１「判決効とクラスアクション」は加筆訂正した。

２「東日本大震災の法的問題について」……前代未聞の国難にどう対応すべきなのか、復興に向けての歩みを七か月後の時点に於いて記している。本書出版現時点において、損害賠償支援機構がすでに存在しており、原子力発電会社の機能は、終結に向かう。早急な廃炉が求められ、会社は、損害賠償の為、⑴破産開始により、⑵株主総会決議により、⑶解散を命ずる裁判により、⑷定款の解散事由の発生により、解散すると解される（会社法第八章四七一条以下）。国有化の選択肢もある。「研究ノート」である。

３「物権変動論」……近代では、債権関係が主とされ、物権は封建遺制である。又民法一七六条、一七七条がそれぞれ仏、独から採用され、日本独自のものである。意思主義により債権的な意義があるが、その立法時からの動向を分かり易く紹介した。意思主義は、債権法で問題となる。今後は、支払と債権譲渡は Web 上で電子決済が行われ、効力発生、公示、確認が同時に可能である。ここでは電子登録時を権利移転時かつ効力発生時とすべきである。物権の移転も Web 上で電子登録が可能である。債権の移転と同様に理解することができると考えられる。登記の公示が Web 上なされ、権利移転時と効力発生時が公示時と一致する法制度となることを今後期待したい。対世効に関しては、判決の本質から、一般的効力、また、共同訴訟の中で制限的対世効として、ここで再構し主張した。本章は、出版に際して加筆訂正している。

4「新しい判決の効力」……共同訴訟の判決効のための作業である。判決の効力として、確認的効力が基底にあり、宣言される。給付の効力は、限定的である。所有権、抵当権、そもそも担保物権は金融機関の貸借の条件とされ、これらはローマ法に由来し、ドイツ法典編纂時に採用せられ、ドイツ、日本に同様な制度がある。対世効は、市民社会で真理とされるべきでありこれらの意義が付与されなければ、判決は契約同様に市民社会での対立を防止し得ない。このような判決の力を一般的効力と名付けた。この一般的効力は契約に於いても認められるべきであろう。判決効に関して私見では理由中の判断に法的拘束力を与え、主要事実等の裁判官の事実認定に対して、判断効を肯定する。アメリカ合衆国と、判決理由中の判断に拘束力（前訴の後訴への拘束力）を肯定する点で類似する。アメリカでは、弁論主義の点から、当事者の争点に限定される。筆者は市民社会における真理、正義とされるため、一般的効力の観点から、理由中の判断の事実認定全てに判決の効力を認めたい。アメリカ合衆国では、裁判官は、選挙による。より、民主的な枠組みである。

5「裁判とは何か」……古くから、司法研修所での要件事実不要論が論じられており、見直すべき時期が到来している。新しい民事裁判の在り方及び訴訟構造を示唆している。物権と債権の区別は不要である。ドイツ民法、日本民法の独自のパンデクテンと言われる法典編篇の概念である。なお、形成権、形成訴訟という概念構成は、ドイツ民法施行前後の所産である。民法典第一編第三節意思表示（独国と日本国の法典の多くは多聞にもれず同様の規定となっている）のため、ドイツ国独自に展開された議論である。アメリカ法にない概念であり、両概念は不要であり、本来理論的には、請求権のみで足りる。また権利根拠規定、権利滅却規定、権利障害規定は第一編第三節意思表示の為の概念であり、不要な概念である。善意（無過失）、悪意を問う表見法理も不要である。一旦成立したものを内心の意思表示を理由に覆すことはできない。アメリカ実務のやや古い事例を紹介しているが、何が過失か、といった学説が、まずありき、で無く、原告被告から双方審尋すれば、自ずと対立は解決されるのであり、本来の訴訟構造がどうあるかをアメリカ法の観点から、検討した。

6「フランス新民事訴訟法九二条と国際管轄」……管轄の条約締結に至る議論が現在進行しており、今年の国際私法学会春季大会のテーマでもある国際裁判管轄について、独自の仏人が有利な制度を持つフランス法の議論を紹介している。普遍的な社会に妥当する公平なルール作りが実現されることを期待したい。

消費者契約法でなく民事訴訟法典の第一編第三章第三節訴訟参加を削除し、共同訴訟の法改正が望ましい。民訴法と民法のアメリカ法化と法制度全般の中国法化の双方を目指すべきである。

前代未聞の国際化、条約の国内法化の整備に挑むチャレンジングな未作であって、論点整理に過ぎない。結論は国際法と同じで良いのであろう。菅直人前首相は、明治、昭和の戦後に継ぐ「第三の開国」とされており、日本は、今以て、引き続き欧米化、国際化の為の法整備を行うこととなろう。

以上、未解決の難題に挑戦しているが、今後更なる発展の見られるテーマである。今後も日本の全面的な法改正を検討してゆきたい。

恩師伊東乾慶應義塾大学名誉教授は、誠に喜ばしく此度五月二四日に卒寿を迎えられた。個の自尊および市民社会の本来の在り方等を学んだ。そして亡き父にもこの未作品の本書を捧げる。

二〇一二年四月　　大岡山の寓居にて

田中ひとみ

初出一覧

1 「判決効とクラス・アクション」……成城大学共通教育論集三号［二〇一〇年］
2 「東日本大震災復興の法的問題点について」……城西現代政策研究第五巻第一号［二〇一二年］
3 「不動産物権変動について」……城西現代政策研究第四巻第一号［二〇一一年］
4 「新しい判決の効力」……城西現代政策研究第一巻第一号［二〇〇七年］
5 「裁判とは何か」……城西大学国際文化研究所紀要第一七号［二〇一二年］
6 「フランス新民事訴訟法九二条と国際管轄」……駿河台法学第三巻第一号［一九八九年］
7 「クラス・アクションと消費者保護」……城西大学国際文化研究所紀要第一六号［二〇一一年］

目　次

1　判決効とクラス・アクション

1　判決効とクラス・アクション

一　序

本稿に於いては、民事訴訟の判決効拡張に関して、共同訴訟との関連を中心として論じている。請求との関連について（第2章）、併合との関係（第3章）、英米法のクラス・アクションについて、若干の紹介（第4章）、次に民法の体系から、民事裁判で多数当事者間の訴訟となる論点の適示を行い（第5章）、最後にまとめを付した（結語）。

本来、現実の訴訟の単位は、請求原因（紛争）が同一であっても請求の併合や分離、共同訴訟のあり方により異なる。この場合この訴訟の後訴への遮断効の範囲は如何にして決定されるべきなのであろうか。

まず、管轄が同一に決定されるならば、一単位の訴訟とされ、裁判が為され、判決は確定する。すなわち、管轄に従って後訴に対する遮断効としての拘束力が生じる。ここでは、この管轄は、主として土地管轄であろう。そして、また、当事者適格によっても同様の事件が特定される。この判決効は拡張される可能性がある。私見では、法的に利害関係を有する第三者に対して判決は拡張可能とされる（例えば、民法の多数債権債務関係、債権者代位権、債権者取消権等についての判決はこのように第三者に拡張される。これに対し、登記請求権のように対世効が問題となる場合と区別すべきである。前者は、多数当事者の関与に属し、後者は公示という登記の属性から来る）。

第二のテーマ設定として、判決の効力の広さは、第一に、管轄、当事者適格で決定され、第二に請求の併合、分離により裁判上変化し、第三に、参加すなわち共同訴訟の一種とされ、途中から参加し（opt in）、途中から脱退し（opt out）、にも関わらず、判決効は及ぶものとされる。第四に判決効は法的に利害関係を有する第三者に拡張される。そして、第五に、一般的には、後訴は広く遮断されるべきである。なぜならば、現時では訴訟は頻繁に起こり、そして濫訴防止の観点から、制限されるべきであること、また本来、訴訟経済の観点から、前訴で本格的に争い、統一して解決されておくべきことから、後訴は、広汎に遮断される訴訟物論における新説が訴訟法上妥当し、この傾向はドイツ、アメリカ合衆国の実務の採用する立場である。日本の実務では、旧説を採用し、個別の訴訟の多様性に対応し、当事者権に資するメリットがある。手続権をどのようにどこまで保障するか、の法政策の問題であろう。新説（ドイツ・アメリカ）は訴訟の効率性からである。民事訴訟は、本来、実体法の侍女として十分振る舞い、紛争解決の実効性を掲げる事が許容されよう。

二　判決効に於ける拡張の問題

判決効をめぐる論争は本章に於いては、民事訴訟法との関係（⑴ 判決効の拡張と共同訴訟）、第二に請求の併合との関係（⑵ 判決効の拡張と請求の併合）が問題とされるべきであろう。各論としてさらに第三にアメリカ合衆国のクラス・アクション（三 クラス・アクション）、第四にドイツの団体訴訟（四 団体訴訟）が問題となる。その後に他の訴訟に於ける判決効の拡張を考察し（五 判決効と訴訟）、総括（六 結語）を述べたい。

⑴　判決効の拡張と共同訴訟

判決効は拡張され得る。ではこれはどのような条件の限定のもとで行われるべきであろうか。まず、第一に、訴訟法上の諸原則（弁論主義など）が行われ、第二に、訴訟方式（訴訟告知、呼出など）に則り裁判が為され、第三に、手続の進行の手続保障が当事者に対して保障され、第四に、実体権の確定の判断（判決）が適式に行われるべきである。

それでは、共同訴訟については如何なる問題が生じるのであろうか。

まず、共同訴訟は、紛争の大きさ、訴訟原因（cause of action）の広がり、拡大により多様に変動し、参加（opt in）、脱退（opt out）により流動的であり、様々な諸条件により決定され、ついに終局的に決定されることとなる。最終的には、各個人ごとの判決が存在するが、そこには、通常共同訴訟（本来、個別訴訟が可能な類型である）、類似共同訴訟、が実体権のスタイルとして枠づけられ、この原則により、裁判が実施される。

いずれの範囲の請求につき判決の主観的範囲、客観的範囲が同一又は異別となるかはこの条件によって決定される。訴訟原因（cause of action）とは何か、どのような条件で確定され、拡大、広がり、限定が判断されるかは、多様でありうるが、現実の紛争に適切に処理され、手続の諸原則と利便な手続とにより、適式に裁判手続が行われる。訴訟原因は裁判上、審理手続での法的事実の主張から始まり、法的判断（判決）が為されるための裁判上の指針とされるべきである。また、判決効拡張の正当化根拠ともなって、最終的には訴訟手続の担保とされることとなろう。

この訴訟原因（cause of action）は、審理の合理化への追求の指針であり、紛争の単位を定め、請求の併合等および弁論手続の諸条件を決定する。これはまた裁判材料であり、かつ裁判を開始する原因である。また、更に、一回の訴訟で行われる判決効の広さの基準である。これは判決効拡張の妥当性の為の単位かつ指針とされよう。

この訴訟原因で管轄の特定や審理の併合の条件、また、判決効をまとめるキーワードは、請求の関連性という概念となる。

共同訴訟とは通常一人の原告、被告の一つ請求が多数当事者訴訟の場合の手続の処理、扱いを行う単純化のための技術である。また、これこそは関連性の概念に基づいて、請求の原因を束ねる訴訟の単位とされる。

このことにより、共同訴訟は全面的に解決を図ることとされよう。このように複数の当事者や請求を一つの訴訟として扱う法的技術である。共同訴訟のスタイルとして請求の併合、当事者の併合、後発的な参加がある。当事者の併合につき、当事者の人数の確定を個別の訴訟で個々に行い、請求の併合で複数の請求を一つの請求、訴訟、ないしは判決として扱う手続こそが共同訴訟である。ここでこの単位が訴訟原因であり、管轄や一個の判決の単位とされるのである。

ここで、併合は、これをしていないと判決の単位が異なることから、別訴、別事件として扱われることを回避するための審理のための技術である。このような法的な技術とは、訴訟の単位を決定し、訴訟の方式を決する基準である。これは紛争の全面的、抜本的解決のための基礎となるわけである。この礎となる概念は、管轄であり、併合の前提となる。この概念により別訴となるか否かが決定される。

設例を設けるならば、医療過誤訴訟で医師の過失により後遺症が発生したとしても、その前提とされた交通事故による負傷の損害賠償請求権は消失しない。これは、訴訟原因が存在し、複数の紛争（交通事故と医療過誤）につき、一つの請求権、一つの義務が各々に存在する場合であっても、紛争は訴訟については請求の併合ないし請求の分離によりそれぞれ判断可能であるとされることを意味する。この扱いは裁判所の裁量による。

別訴とされることは、できうるだけ回避されなければならない。なぜならば、別訴といったん判断されれば、その紛争は個別に細分化され、矛盾した判決が下されうるからである。そこで併合という手法が意義を有する。これは、既存の当事者間で裁判を行い続けるため、有意義とされる。ここで併合とは多数当事者間にいう参加である。因みに併合は当事者の申立によっても裁判官の命令によっても行われ、その裁判（審理）において当事者か否かが決される。裁判官としては、いずれの当事者間での区々のあるいは、統一した判決を書くべきか、また当事者としては、いずれの方法で参加すべきか否かの判断を行うのである。紛争解決を如何にして図るか、多様な裁判のあり方を決定することとされるが、請求を分離することにより、判決が矛盾することを回避するテクニックが併合という概念である。しかし矛盾回避は裁判官による義務的な併合によって可能とされるわけである。これにより、紛争は抜本的解決が図られる。ここで抜本的とは同一当事者の判決のみを扱い、先程の設例の交通事故運転手と医療事故訴訟の医師を各々別個に扱い、加害者として扱うか、併合して複数の加害者を共同訴訟の同一被告とするかは、なお個別に扱いうる領域があることをここでは示しておきたい。

本訴の請求により、請求による判決の矛盾が無いように、裁判及び判決が行われるには、併合と分離が便宜であり、これが抜本的解決に資する。この判決は更に拡張されえ、法的に利害の調整を行い、矛盾判決を回避する。この併合に関しては、全ての共同訴訟、当事者を被告として併合しておかなければならないわけではない。

訴訟の便宜と判決の矛盾・重複を回避しうる併合を義務的と認めれば足り、当事者の申立による任意的な併合は、不可欠ではない。共同訴訟の類似必要的共同訴訟とはこのような場合である。

(2) 判決の拡張と請求の併合

請求とは係争物である。判決の一般的な客観的範囲の大枠であり、様々な関連する利害の請求の受け皿として本訴上位置づけられる。

請求と関連性を有するとは、法的に利害関係性を有する、あるいは、また、利害関係を欠くということであり、すなわち受け皿と受け皿が接点を有するということである。同一の請求であれば同一の訴訟原因として審理可能であり関連性を有し、また異なる審理・裁判とするならば、異別の訴訟原因として対処すれば足りる。

関連性には物的関連性と人的関連性がある。土地管轄や訴額では両者と関連する。アメリカ合衆国の当事者性は人的関連性と、事件性は物的関連性がそれぞれ関わる。これらは、一つの判決によって、終局的にどのように一事件として扱い、どこまでを一個の判決で救済するか、という問題を内包する。ここに於いては一方当事者や他方当事者に不利益を与えてはならず、それが回復不可能な損失とならぬように留意すべきである。この関連性とは、個々の事件を位置づけることであり、紛争解決のあり方を決める最初の事件の扱いの技術として或る。別訴が行われるという事は、併合等が為されず、判決が矛盾する可能性があり、さらに判決が為されても、判決効が拡張され私見によれば利害関係ある第三者との調整ないし、いずれかの手段による統一的解決が行われる、ということである。別訴と後訴はこの点で区別される。すなわち前訴判決により、遮断されないのが前者であり、前訴判決により遮断されるのが後者である。他方、関連性が無い、すなわち利害関係を欠き併合されない裁判が為される場合、その当事者の不在のまま審理を行って良いのか、という対応が問題となる。この場合、終局的には判決で決着をつけて良い。すなわち判決効の拡張を行い、私見では利害関係ある第三者にも前訴判決効の拡張を行い、利害のバランスに関し調整をとるべきである。このような多様な扱いにより、後日においても、利害関係の調整が可能で、ある。

また、訴訟要件のうち当事者適格については不可欠な当事者を欠いた審理が実際行われた場合には判決には熟しておらず、口頭弁論の期日を終了して判決を行ってはならない。この場合には、訴訟告知を行い、呼出し、訴訟に引き込んで審理を再開し、判決に熟すれば期日を終結して判決を言渡すこととなる。共同訴訟においても、当事者適格ある者を欠く判決は無効とされよう。

主観的に併合されず、請求の人的併合が行われない故、訴え却下された場合、どのような対処が適切であるか、については却下である故、原告の救済が図られるべきであろう。別訴としてその原告に更に訴訟を行うか、別訴として途中から当該原告に訴訟に引込むか、あるいは、他の共同訴訟として扱うか、または別訴を許容するか等々の様々に対応があるが、いずれにせよ、当該原告のための審理を行い、判決の名宛人とされるよう対処すべきである。

三　クラス・アクション（class action）

クラス・アクションはその初期はイギリスで発展した制度である。クラス・アクションは重要な利害を有する多数の個人や組織により提訴される訴訟を許容するものであり、彼らの権利や責任を一つの訴訟で判決を言渡すことが、個々の手続で判決を下すより実効性を有する。一九九〇年代には、多発した証券詐欺事件をその後も大規模不法行為訴訟で扱った(1)。

クラス・アクションのアメリカ合衆国での発展は、一九六六年の連邦規則二三条の改正に帰するところが多い。その後、一九九五年の米国議会での一連のクラス・アクションの弊害のため、法令が制定され、規則二三条は、一九九八年のクラス（集団）の認定の定義により、更に修正された。そして二〇〇三年には、クラス・アクションのより大きな指針となる運営が法制化されている。ここでは全ての利害の代表が企図され、欠席者への告知につき、改正が為された。

クラス・アクションにおいては、原告または被告たりうる利害関係者がクラス代表者（class representative）として名乗り出て、自分自身のためだけではなくあらかじめ画定される他の利害関係者――クラス構成員（class member）――の為にも原告ないし被告として訴訟遂行して、その結果としての判決や和解などの効果が、有利不利にかかわらずすべてのクラス構成員に及ぶことになる。クラス代表者の側から名乗り出る点で、日本の民事訴訟法三〇条の選定当事者（被選定者側で代表者を選ぶ）とは異なる。(2)

また、連邦民事訴訟法規則二三条では、(b)項で三種類のクラス・アクションを定め、かつ(a)項の要件は、第一に、すべての構成員を併合することが現実的でないという構成員の多数性（numerosity）、第二に、クラスに共通の法律問題または事実問題があるという共通性（commonality）、第三に、クラス代表者の請求ないし防御がクラス全体中で典型的であるという典型性（typicality）、第四に、クラス代表者および弁護士がクラス全体の利益を公正かつ適切に保護することができるという適切性（adequacy）、である。(3)

連邦民事訴訟法規則二三条(b)項(1)のクラス・アクションと(b)項(2)のクラス・アクションについてはそれぞれの要件が充足されていれば裁判所はクラス・アクションとして訴訟を維持することを承認（certification）し、個々の構成員を具体的に特定したり、特定する基準を設定することによってクラスの範囲を画定（class definition）し、そこに該当する当事者は当然に当該クラスの構成員となり、クラス・アクションの結果に拘束される。(4)

ところが、(b)項(3)のクラス・アクションについては同項の要件を充足したうえでクラス・アクションとして承認されてもなお(c)(2)項で構成員に告知（notice）をし、離脱（opt-out）する機会を与えなければならない(5)。

クラス・アクションの淵源は多数の請求を一回の訴訟で処理することのエクティ上の平和条項（bill of peace）とされる(6)。いわば主観的併合を特別に認めた結果であった。

クラス・アクションは、米国では保険証券詐欺事件において、特に多用され、大改革が制度上行われた(7)。また、大規模不法行為（mass tort）訴訟については、ついに二〇〇五年のクラス・アクション改正法により、連邦管轄権拡張により、決着がつけられ、今後、この新しい条項の運用が連邦裁判所により、構築されてゆくこととされる(8)。

さて、前述の平和条項（bill of peace）は原告により提示されたならば、そのことにより、認められた。なぜならば、大きなグループの参加人が全員で訴訟することは不可能あるいは実行不可能であるからである。全ての個人が訴訟の行われる争点について共同の利益を有し、判決の名宛人とされた当事者が欠席している当事者の適切な利益を代表している。もし、予め必要とされた要件を充たすならば、その訴訟は代表される前提に基づいて手続は進み、実際に裁判を行った当事者か否かを問わず、すべてのクラスのメンバーが最終的に判決を言渡される(9)。

クラス・アクションがイギリスの衡平裁判所に起源を有することから、これはエクイティとアメリカ合衆国の初期の裁判実務の方式として見出される訴訟においてのみ認識される。しかしながら、州法が一九世紀のエクイティと法の融合（fusion of law）とされるなら、クラス・アクションは法（law）と同様に訴訟においても利用されるであろう。[10]

一九三八年の連邦裁判所においては法とエクイティの混同（merger）に先がけて、連邦のエクイティの規則においては、欠席したクラスのメンバーが裁判所の判決に拘束されるか、また、手続が単に随意の参加者を分割するものとしてのみ機能するものなのかが、不明であった。

一八四二年から一九一二年まで効力があったエクイティ規則四八条に次の文言がある。「このような事件では、判決は、欠席当事者に対する権利と請求の損害がなくても言渡される。」この規定がなくとも、最高裁判所は、裁判所の面前に事件が提出されたか否かにかかわらず、すべての当事者に対して拘束力を有するとしている。[11]

そしてこの混乱のいくつかは、最高裁判所判決Supreme Tribe of Ben-Hur v.Cauble事件[12]に由来する。この事件は営利法人のすべてのメンバーは団体の設立定款の規律を示した判決に拘束される、と判示した。最高裁いわく、もし、判決が有効であれば、対立する他の判決は却けられるべきである。すべてのクラスはその判決により終結されなければならない。[13]

三　クラス・アクション（class action）

一九三八年の連邦規則二三条の公布はクラス・アクションが利用しやすく広まったという挑戦

を示すものである。連邦組織は二つに分割され、そして、これにより法律による訴訟（actions at law）とエクイティによる訴訟（suits in equity）が利用されることとなる[14]。

連邦規則二三条はクラス・アクションをクラスメンバー間の法律関係により三つに分類する。いわゆる「真正の」クラス・アクションは、訴訟の最初の所有権者の権利が実現（執行）を拒絶された場合に、「連帯の」、「共同の」あるいは「副次的な」場合に利用される。混成の（hybrid）クラス・アクションは、クラスメンバーが多数（several）な場合であり、かつ、訴訟の目的が訴訟に含まれる特定財産に影響する請求の判決である場合に混成のクラス・アクションは、許容される。いわゆる「不真正な」クラス・アクションは、クラスメンバー間で法律関係が多数（several）であることが要求されるのであるが、共通の法律問題あるいは事実問題が「多数の」権利に影響する場合、そして共通法による救済が要請される場合には、さらに前進させて良い[15]。疑うことなく、これら三つのカテゴリーにおいて最も論争があるのは、「不真正な」クラス訴訟である。それは寛大な、参加のための併合以上のものではない。なぜならば、判決の名宛人とされた当事者のみが判決に拘束されるにすぎないからである[16]。

主要な混乱は、共通法による救済を追求すべきだ、という要請に強く依存する。いくつかの判例は次のことを肯定する。すなわち、訴訟当事者が損害を被ったため、個々の権利を有する場合、クラス訴訟は維持されえない。より一般に受け入れられる見解によるならば、しかしながら、同種の救済が、追求されるのに、このことが、他のメンバーの利益に反する場合にはクラス訴訟は維持されない[17]。そもそもの連邦規則二三条の最大の困難さは、三つのクラス・アクションのカテゴリーを分類する限界の推定的な定義である、法的関係性の混乱した理念的性格にある[18]。

第二の問題は、次の事実から生ずる。すなわちひとたび要求された法的関係が存在するとされると、クラス訴訟は、共通法上の問題が重要である、あるいは個々の争点より優勢であるということを提示しなくても、訴訟が維持されてしまう点にある。この欠陥は、訴訟経済（judicial economy）の達成される何の保証もない、実質的な個人の争点に関して加重な負担となるクラス・アクションの維持を許容してしまう。この問題を悪化させるのは、クラス・アクションのルールのテクストが地方裁判所の裁判官に如何にして個々の争点を扱うかについて何ら言及せず、またもし文言上はこれを言及したとしても争点の分離をして個別に判断することを許容しているとは思われない点である。

クラス・アクションの任意の、そしてまた理念からの三分類への不平は、連邦規則二三条修正の民事規則諮問委員会をもたらした。そして、その作業の所産は一九六六年から発効している。現在の連邦規則は、機能的用語の意味において、クラス・アクションが適切であるか否かの決定の試みを反映している[19]。

さらに言及すると、連邦規則二三条は、裁判所に対してクラス・アクションを扱うについての提案の基準について、実質的な指針を与えている。多数の論評が、一九六六年以後のクラス・アクション規定が若干の例外はあるものの、最近の連邦規則二三条の具体化した手引きを包含するものであると、従って連邦実務の理解は重要な適用である、と改訂している。これは、ドラマチックに二〇〇五年二月に施行されたクラス・アクションについても、連邦問題管轄権を拡張して規定した事実を誇張したものである[20]。

次に先決事項について考察する。まず、連邦のクラス・アクションの先決事項について、であるが、連邦クラス・アクションの事件の取り扱いの妥当性の決定については、典型的には、二つの段階のプロセスがある。まず第一にいくつかの手続的先決事項が充足されているか、定義づけなければならない[21]。そして、第二に連邦規則に設営されたクラス訴訟の認められているタイプのうち、一つの定義に特定のクラス・アクションが当てはまるか否かを確証しなければならない[22]。いずれのタイプのクラス・アクションにも、連邦裁判所による訴訟手続が存在する。次の全ての質問は肯定的に解答されなければならない。

(1)　特定しうるクラスが存在するか？

(2)　それらの目的はクラス・メンバーの目的を代表するか？
(3)　そのクラスは参加人が実行可能な程の大きさか？
(4)　これらの法及び事実に関する質問はクラス・メンバー全員について共通するか？
(5)　クラスの代表する請求や防御は他のクラス・メンバーの請求や防御と典型的なものか？
(6)　代表は適切に代表し、またクラス・メンバーの欠席の利害を防御するか？

通常は裁判官はこれらの要求について問題となった場合には、その決定に当たり、広汎な自由裁量を有している。もし、先決事項のいくつかが充足しない場合には、――そしてクラスの扱いを求める当事者がそうであると示す証明責任を負っている場合には、その事件はクラス事件としての基礎を欠き審理されない。[23]

過去に於いては、いくつかの連邦裁判所は、代表者に、原告のクラスが先決要件に含まれている場合、代表者が訴訟のメリットを受け続けること、請求が取るにたりないものではないこと、につき、十分な可能性があることをクラス・アクションとして訴訟が手続を許可される前に主張することを要求していた。この要請の背後にある合理性は、極端に高額なまた時間を多大に費やすクラス・アクションのメカニズムが活発化されるような実質的な請求が存在することを確証することであった。実務の状況は判然としない。実質的な請求を予備的に示すよう要求することは、クラスの原告に不適切な出発点として重荷を負わすこととなる。厄介で通常の簡略な手続より、方法に於いて、コストがかかることを証明できることが適切であろう。幸運にも最高裁判所が、Eisen v. Carlisle & Jacquelin 判決(24)において実務のやり方を一掃した。

また、クラス・アクションは審理前に同一性あるクラスが存在しなければならないものとして手続が認められるべきことは、自明である(25)。

このことは、訴訟の最初に於いてグループを代表された各メンバーがクラスを一つに特定されねばならないことを、また、同一性あるクラスが特定可能であることを意味するのではない(26)。むしろ、クラスの一般的な輪郭は、特定の個人がそのクラスのメンバーであるか否かが裁判所にとって確定が可能な様に、十分に輪郭を描くべきである。

確かに、このタイプの決定はクラスのメンバーの訴訟に告知が為されなければならず、あるいは、また、執行される如何なる回復にも配慮する為に行われるべきである。クラスの次元あるいは性質に関する深刻な両義性は、誰が訴訟で獲得される判決に拘束されるかの決定の問題をもたらす。代表がクラスのメンバーとなる第二の要請は、次の観念を前提とする。すなわち、もし、クラスの代表が個人的な利害を訴訟の結果に有するならば、彼らが十分な訴訟追行や防御を引受けたがるものだ、といった観念を前提とする(27)。

クラスのメンバーは代表が欠席したクラスのメンバーの利益を適切に防御するという保証を申し出る[28]。

これは、事件の成熟性という訴訟要件を要求するものである。しかし、全ての代表がクラスのメンバーとなる必要はない。その中の一人がクラスのメンバーになることで十分である[29]。

クラス訴訟を提起するための第三の要請は、クラスが参加者全員では訴訟の追行が不可能なほど大きいことである[30]。

この要請は法的にではないが、数の原則と呼ばれるのだが、訴訟が参加によらなければ、極めて困難なこと、あるいは不便であること、を要求する。訴訟が不可能であることまでは要求されていない[31]。

この要請は訴訟経済を充足しないクラス・アクションを排除しようという要求の表れである。もし、逆のこと、すなわちクラス・アクションの併合によって訴訟を便宜に行うのではなく、その逆によって、理性的、合理的、また、効率的に個々の訴訟により、他の参加の訴訟手続により、同様に実現されるのであれば、このような高額なクラスの制度を利用する必要はないのである。しかしながら、クラス・アクションの逆の扱いを手続として行なっても、参加人が実行困難であり、実質的に相当な個別の訴訟の負担を負うシステムに思われるのであれば、クラス・アクションは、重大な経済性を示すものである。他ならぬ参加人の数が、利便性の決定に重要な役割を演じている。そのいくつかは、次のとおりである。①訴訟の性格と複雑さ[32]。②個々の請求の大きさ[33]③クラスのメンバーの地理的な分配[34]。さらにクラスのメンバーについての熟慮は、たとえば、生誕や死亡そして就労の急激な変化の結果、同様な条件であってもその個々の同一性が一定の変動をみせるような数多くの人々の参加を訴訟に求めることは、耐え難いことなので、そのような熟考は適切な考慮であろう。

第四のクラス・アクションの維持の為の要請は、事実や法について共通する問題点が存することである。従って、クラスーのメンバーを結びつけるのである[35]。

しかしながら全ての法律あるいは事実の問題点が共通である、あるいは、両者にわたっていることは要しない[36]。例えば、様々な方法で多様なクラスメンバーに有利な行動がなされているという事実がある場合でも、あるメンバーの主張と他のメンバーの主張が識別可能な行動として主張される場合には、許容される[37]。

他方、孤立した付帯事件が主張され、何らの共通の施策や実務が適示されないならば、その要求は満足されたとはいえない[38]。

クラス・アクションのための第五の要請は、請求や代表者による防御が、全てのクラスのメンバーの請求や防御において典型的なものでなければならない、ということである。[39]

この要求を達成するため立法者が何を意図したかは必ずしも明らかではない。[40]

典型的とは、代表者およびクラスのメンバーによる請求や防御による敵対性の欠如という用語でしばしばテストされる。[41]

この要式化は、しかしながら後述のように実務では、代表者が欠席したクラスのメンバーの利害を適切に防御したか、という要請を識別することは、困難である。しかしおそらく、典型的であることと、適切に代表されることとの要請との間のオーバーラップは意図されていたものであろう。[42]

デグナン教授が述べているように、「弁論主義は、訴訟追行者が、彼のために最善を尽くし、また、クラスのメンバーのためにも不可避に最善を尽くしたような、そのような訴訟追行者に対してのみよく機能するであろう。[43]」

従って裁判所は代表者の請求が欠席したクラスのメンバーの請求と同一性がなくともよい、と律している。[44]

そして典型的である、とは通常、代表者の請求や防御やクラスの幹（中心的な論点）の中に同様の法理論に基づいて事象あるいは他の事柄に、見出されるであろう。[45]

代表者の請求が他のクラスのメンバーの請求と著しく異なっている場合にのみ、典型的ではないとされるのであろう。[46]

クラス訴訟の維持のための最後の前提条件は欠席したクラスのメンバーの利益を公平かつ適正に、いわゆる代表者が防御した、ということである。[47]

最後のこの要請は、デュープロセスの次元を物語るものである。なぜならば、実効性の考慮と訴訟経済は以下の軽減に導くからである。すなわち或る人の権利や責任を判決されるとき、裁判所の一室に出席する権利の、通常の保証の、クラス・アクションのコンテクストに、軽減を導くものである。

裁判所は、欠席者が適切な代理人を有するよう、保証することに特に注意深くあるべきである。[48] そうでないと、欠席者は、憲法上の瑕疵を理由に判決の拘束を回避しえてしまう。もし、このことが起こると、実効性と訴訟経済の第一審での追求は、無効とされよう。[49]

代表者はクラスのメンバーのために訴訟を行う権限を述べる必要はない。[50]

さらに、代表者は、その質というより、その数によって、権限の行使を主張することで十分であり、その弁護団で十分である。[51] 代表者の質は、いわゆる代表者と厳選された弁護団の有能さに依存する。[52] 確かに、弁護団の有能さの重要性は、連邦規則二三条の二〇〇三年の修正条項において(g)項の一部追加により、正式に任命されることが要請され、前条の規律のもとに裁判の経験を形成することが、その任命を規律する標準として含まれている。[53] クラスの弁護団の選別は様々な要素の考慮を要する。[54] 特別な訴訟に含まれる特定の訴訟領域を配慮した、弁護士の経験や、裁判所に提出される書類の質がその考慮に含まれる。[55] いわゆる当事者の発展は、彼らの提訴への動機や訴訟の結果への関心も考慮される。[56] というのも、時にクラス・アクションの維持は極端に長期化し、費用の実質的な支出を伴い、代表者の資質は、たゆまずやり続けることのみならず、精力的に訴訟を追行することにより深く関わる。[57] 代表者の個別の訴訟のサイズが一定したものでなくても、裁判所は、代表者（そして弁護士）がその訴訟に必要な費用を蓄える十分な経済的手段を有するかを配慮するであろう。[58][59]

代表の適切性の決定に、挙げるべき最も批判の多い要素は、代表者と他のクラスのメンバーの間に対立するあるいは敵対する利益が存在するか否かである。しかし、単なる対立と論争の中核をゆく敵愾心のみが、重大とされよう。[60] この点のリーディング・ケースである Hansberry v. Lee 判決[61]では、民族的に制限した誓約書を廃棄することをクラスのメンバーが求めた事例でイリノイ州最高裁は、これを認めた。この事件は、誓約を破棄しようとする他のメンバーからの侵害を禁止することを誓約するクラスのメンバーが提訴した前クラス訴訟に拘束されることとされた。その誓約書自体には、クラスのメンバーの九〇%のサインがなければ、有効ではない、と書かれていた。この事実は第一審では原告、被告双方から主張されていたが、実際は七〇%のメンバーのサインしか為されていない事案であった。連邦最高裁は、その目的が誓約書の有効性を支持し、無効を主張するものではない、そのクラス代表者により利益が適切に代表されていない、という理由から、民族的に制限する誓約書を主張したクラスのメンバーは前訴判決に拘束されない、と判示した。この教訓は明らかである。Hansberry 事件のように、対立も共謀も存在しない場合には、クラスのメンバーと、対立する他のクラスのメンバーとの間の代表者の関係性につき、司法は注意して検討すべきである。裁判所が確実にすべき基本的な目標は、代表者が適切で有効なものとして、訴訟を提起していることである(62)。したがって、代表の適切性に関する一つの問題ある視点は、被告側のクラス・アクションが扱いにくい、という事実のみをもって扱いにくい代表の支配があると決定することにある。ここでは、利害がクラスのメンバーに敵対的なために、代表者を基礎としては訴訟がもはや前に進まない、という事態に陥るのである(63)。

クラス・アクションの代表が単に今論じた点のみで充足されるならば、裁判所は次の調査の段階に進まなくてはならない。即ち、訴訟が連邦規則二三条(b)項の許容するカテゴリーの一つか否かの調査を裁判所は、行わなければならない。連邦規則二三条(b)項(1)に規定されたカテゴリーは次の訴訟を許容している。(a)分離された裁判の訴訟遂行において、判決がクラスの相対立する当事者の為、両立しない行動指針を確立し、矛盾をきたし、あるいは多様化する場合。あるいは、(b)個々の訴訟がその訴訟においては当事者とされないクラスの他のメンバーの利益を根拠とする判決を結果としてもたらす場合。(64) これらの要件の両者を必ずしも充足する必要はない。また、このテストで何ら結果がもたらされなくてもよい。事実、多くの訴訟においては、両要素が通常存在するのだが、法律の命令により救済がなされるか、あるいは、救済が妨害されていることを要求している。これを緩やかに考察するならば、このカテゴリーは「損害には反する」クラス・アクションと位置づけ得よう。(65) クラス、あるいはクラスのメンバーに対立する当事者の不利に帰結する個々の訴訟をクラス・アクションと扱うことをこのことは認めている。実際的な考慮は損害が（訴訟で）発見されるべきであるとする。対立的な当事者は、将来区々に矛盾した訴訟がもたらされる実際的可能性があることを個別の判決で言い渡されるだけかもしれない。(66) また、個々のクラスのメンバーが反映する同じ方法で行動することが、法律あるいは実際的な必要性から、個々（のメンバー）や実体において、要求される場合もある。その事例では、何人かのクラスメンバーは法的義務を違反した被告当事者に分離された裁判と異なった結果を強制する場合もある。(67)

個々の訴訟が大型の事件として、後に続くことも起こるので、ある請求の損害を対立的な当事者が賠償し、訴訟外の他者にではないというリスクしか存在しないならば、不利益は起こりえない。

類似したこととしては、欠席したクラスのメンバーは不利益を証明するために、請求遮断効あるいは争点遮断効の観念のもと、個別の判決に法的に拘束されることを示さないでもよい[68]。個別の訴訟の効力は、しかしながら、決定を受け止めるインパクト以上のものである[69]。例えば連邦規則二三条(b)項(1)は、個々のクラスのメンバーは（クラスの）限られた共通の基金を超えて求める場合に、他の法的方途で法律に訴えることを許容している。もし、基金の所持金が個々の訴訟で初期の収入をまず、分配に充てることを基礎とするなら、基金はクラスのメンバーが請求につき[70]、訴訟の機会を有するまでに、完璧に消費され尽くしてしまうかもしれない。また、従って、個々の訴訟はクラスのメンバーの個人の権利を実務的事項として脅威にさらす可能性がある。

第二のクラス・アクションのタイプは[71]、連邦規則二三条(b)(2)に基づき次の場合に許容される。(1)クラス全体に一般的に適用されうる根拠に基づき訴えまたは、訴えを拒絶した、クラスに対立する当事者。そして(2)クラスの代表が最終的な差止めによる救済あるいは、ふさわしい制定法上の救済を追求している場合[72]。被告の行動を変えることを追求する訴訟はいずれも認められているが[73]、この連邦規則二三条のカテゴリーが民事裁判、そして様々なタイプの憲法訴訟において最も多く利用されている[74]。連邦規則二三条(b)(2)条の想定する事例は、クラスの対立者が、クラスのメンバーに一定の方式で訴えたことにより、行動が類型化された場合[75]、またクラスの全てのメンバーに影響する規律的な方法を当事者が構成した場合とされる[76]。

全てのクラスのメンバーが対立的当事者による訴訟に直接影響を受けたことや不快感は不要とされる[77]。このことは、また、制度上の調整規定を攻撃的に主張した事例においても真実であろう。更に、その性質上、最終的に救済が主張される場合、予備的な差止め請求や現代的な規制命令の請求のみでは、十分ではない。しかしながら、損害が付随的であると考え追求する限り、連邦規則二三条(b)(2)の下では[78]、差止めに付加的にあるいは、宣言的救済に付加的に裁定を要求する不服という単なる事実では、無効を宣言されない[79]。

クラス・アクションの三つの類型のうち、最も論争があるのは、連邦規則二三条(b)(1)に規定されている「共通の争点」あるいは、「損害」クラス・アクションであろう[80]。この適用には三つの要素が不可欠である。(1)法及び事実の共通問題は、個々のクラスのメンバーへの影響を与える問題を規律する。(2)クラス・アクション手続は論争の裁定をする方法に優越する。(3)最大の配慮（notice）が、制度や訴訟の性質そしてクラスからメンバーを排除する権利に適用される[81]。

「共通の争点」クラス・アクションの要請を二つの若干あい対立する政策を調整する試みが反響する。まず一方は訴訟経済と法的実効性が、裁定の重複や一貫しない裁判を回避し、法的にも事実的にも類似した訴訟を一つの訴訟に結び付ける方向性を指し示す。確かに、クラス・アクションの扱いは、共同訴訟では、個々の訴訟を正当化し、彼らの権利を主張するには、あまりにも小さすぎる場合に個人に請求することを可能ならしめることとなる[82]。他方で、デュープロセスや手続上の公平さといった伝統的な観念は、個人を反映しない訴訟へ個人がコントロールを失うという危険性に直面する。そして、数百あるいは数千の他者と、弁護士を取り合うことに追いやられよう[83]。

個々のクラスのメンバーを反映させ、法や事実の共通問題が、争点を超えて支配すべきだという要請の試みは、これらの対立的な政策間の調整を成し遂げる[84]。個々の争点が共通問題よりも多用されるように思われるとしても、そうすることの方が、分離された訴訟において、個々の裁定を個人に行わせるよりも、実質的により実効的であると思われるならば、クラス訴訟はなお認められる[85]。

従って裁判所はしばしば、事実的争点や法的争点の重要な共通の核が存在するか、尋ねるという優勢なアプローチを採用する[86]。しかし、この共通の核は、事件[87]を扱う全ての争点を含む必要はない。

四　団体訴訟

ドイツに於いては、団体に訴訟を肯定する立法化が行われ、この訴訟の法的性質が多様に論じられている。専ら差止請求のみが許容されている。日本法の消費者契約法の立法にも影響をもった。

五　判決効と訴訟

民法の債権法などには、第三者の登場する場面が多くみられる。これらは、民事訴訟法上、多数当事者の訴訟として扱われ、その審理のあり方や、判決の効力などにつき、様々な制度設計の試みが行われている。判決効の問題としては、会社訴訟、行政訴訟等においても、株主訴訟では、訴訟類型の問題として扱かったり（対世効を主に念頭におく）、行政事件訴訟法（三二条一項、参照三三条）では、第三者への判決の拡張として論じられている。

ここでは、民法上、共同訴訟ないし、判決効の拡張が予定される論点を適示したい。

(1) 第三者の選択権（四〇九条）
(2) 履行の強制（四一四条）
(3) 債権者代位権（四二三条）
(4) 詐害行為取消権（四二四条）
(5) 多数当事者の債権及び債務（不可分債権、不可分債務、連帯債務、保証債務など）（四二七条～四六五条の五）
(6) 債権譲渡（四六六条～四七三条）
(7) 第三者の弁済（四七四条）
(8) 債権の準占有者に対する弁済（四七八条）等
(9) 代償請求権
(10) 不当利得
(11) 共同不法行為

⑿　家事事件
⒀　登記請求権（対世効）
⒁　不真正連帯債務
⒂　共有
⒃　相続
⒄　転貸借
⒅　時効
⒆　遺言
⒇　法人
(21)　登記請求権

以上のほか、民事訴訟法上、共同訴訟、判決効の拡張（第三者効）、対世効が問題とされるのは、

（1）　形成権（相殺、解除権、取消権、建物買取請求権、白地手形の補充権、等々）の行使
（2）　一部弁済
（3）　法人格否認の法理
（4）　信義則

(5)　反射効
(6)　争点効（判決理由中の判断の効力の拡張）
(7)　口頭弁論終結後の承継人（民事訴訟法一一五条一項三号）
(8)　請求の目的物の所持人（民事訴訟法一一五条一項四号）
(9)　保険訴訟
(10)　法定訴訟担当
(11)　筆界確定訴訟
(12)　執行関係訴訟
(13)　倒産法関連訴訟
(14)　仲裁
(15)　国際民事訴訟

以上は、類似必要的共同訴訟の類型である。この観点からの統合、審理の画一化、判決効、証明論等々の再検討が可能であろう。これらは、重複訴訟の禁止、矛盾判決の禁止の観点から、広く、後訴を遮断し、紛争の一回的解決を図る、判決効の拡張（真実義務からの一般的効力）が行われるべきである。

六　結　語

クラス・アクションの要件は通知と適切な代表である。後者について第三章において検討した。この手続保障のもとに、後訴の可否、判決効の拡張（私見によれば、オプト・アウトを通知がない、あるいは利害が適切に代表されない場合に原則として認めて後訴を許容する）についてさらに検討してゆきたい。

民事訴訟法上、潜在的な意味にせよ、共同訴訟とされる場合について、考察を行った。これは、国際的な、民事訴訟法の法統一の一助として、予備的な作業としたい。今後も引き続き考察を重ねてゆきたい。

（1）浅香吉幹『アメリカ民事手続法〔第四版〕』四三頁、四四頁。
（2）前掲、三五頁、三六頁。
（3）前掲、三八頁。
（4）前掲、四〇頁。

（5） 同上。
（6） 前掲、四二頁。
（7） 前掲、四三頁。
（8） 前掲、四四頁。
（9） FRIEDENTHARL, KANE, MILLER, CIVIL PROCEDURE, §16. 1 p. 759 (4th ed. 2005).
（10） See Stearas Coal & Lumber Co. v. VanWinkle, 221 Fed. 590 (C. C. A. Ky. 1915), cert. denied 241 U. S. 670; Colt v. Hicks, 97 Ind. App. 177, 179 N. E. 335 (1932).
（11） Op. cit. §16. 1, n. 15 Smith v. Swormstedt, 57 U. S. (16. How) 288, 14 L. Ed. 942 (1853).
（12） 255 U. S. 356, 41 S. Ct. 338, 65 L. Ed. 673 (1921).
（13） 255 U. S. at 367, 41 S. Ct. at 342. 一九三年以前のクラス・アクションのより詳細な歴史的発展に関する議論はSee 7A C. Wright, A. Miller & M. Kane, Civil 3d §1751.
（14） Op. cit. §16. 1 at p. 760.
（15） Op. cit, 連邦規則二三条の実務の詳細な説明については、See 7A C. Wright, A. Miller& M.Kane. Civil 3d §1752.
（16） 不真正クラス・アクションは、公正労働基準法（Fair Labor Standards Act）の中に含まれる数多くの訴訟に見られる。例えば、Pentland v. Dravo Corp., 152 F. 2d 851 (3d Cir. 1945). 大規模訴訟不法行為訴訟としては、例えば、Kainz v. Anheuser-Busch, Inc., 194 F. 2d 737 (7th Cir. 1952). これを明確に否定した判決として、344 U. S. 820; 独占禁止法の事例として、例えば、Kainz v.

Anheuser-Busch, Inc., 194 F. 2d 737 (7th Cir. 1952). これを明確に否定したのは、344 U. S. 820.

(17) 共通法上の救済の要請は、全てのクラスのメンバーが損害を追求する場合にも、全てのメンバーがエクイティ法上の救済を追求する場合にも条件を充たす。というのも、あるクラスのメンバーが損害を追求し、他のメンバーらが（普通法上の）差止請求を追求する場合とでは、状況が異なるからである。Oppenheimer v. F. J. Young & Co., 144 F. 2d 387 (2d Cir. 1944).

(18) この混乱は、一つの事件を引き起こした多様な見解に図示しうる。Deckert v. Independence Shares Corp., 27 F. Supp. 763 (E. D. Pa. 1939). これを覆した判決として、108 F. 2d 51 (3d Cir. 1939). 認めた判決として、311 U. S. 282 (1940). 原告が詐欺的債権者を理由に訴訟する原告の請求は、混成型（hybrid）である。これを被告は不真正（spurious）クラス・アクションと主張しうる。地方裁判所は滅多にそれがクラス法（class bill 団体訴訟のための法律）であるとは言明しない。反対に、巡回控訴裁判所においては、不真正訴訟であると性格づけている。最高裁判所からの差戻審では訴訟は維持されうるものと主張する。しかし、その裁判所はこのことを性格づけていない。さらに保留されるべきは、地方裁判所の裁判官は、訴訟を混成型とし、そして、ついには、二度目に巡回控訴裁判所に控訴された場合には、裁判所は名宛人とされたかは重要ではない、と宣言している。

(19) 現行連邦規則二三条は、また、クラス・アクションを三つのタイプに分類しているが、それは、先祖たる元来の条文との類似性とは決別しており、従来の実務を不朽のものにしようとした、いかなる試みも、そして、「真正の」、「混成の」、「不真正の」、といったラベルも不適切であろう。

(20)　The Class Action Fairness Act of 2005, Pub. L. 109-2, 28 U. S. C. A. §1332 (d), 1453.

(21)　See Fed. Civ. Proc. Rule 23 (a). 本条の要件に関しては，See 7A C. Wright, A. Miller & M.Kane, Civil 3d §§1759-71.

(22)　See Fed. Civ. Proc. Rule 23 (b), 7AA C. Wright, A. Miller & M. Kane, Cuvil 3d §§1772-84. 1.

(23)　Williams v. Weinberger, 360 F. Supp. 1349 (N. D. Ga. 1973); Southern v. Broad of Trustees for Dallas Independent School District, 318 F. Supp. 355 (N. D. Tex. 1970) 後に認めたのは，per curiam 461 F. 2d 1267 (5th Cir. 1972). しかしながら，クラスが再定義されえ，あるいは代表が要件を充足するよう変更を行う場合には，全ての要件を充足すると主張される場合，訴訟の失敗は，必ずしも却下されない。Geraghty v. U. S. Parole Comm'n, 719 F. 2d 1199 (3d Cir. 1983), cert. denied 465 U. S. 1103; DeBremaecker v. Short, 433 F. 2d 733 (5th Cir. 1970); Shivelhood v. Davis, 336 F. Supp. 1111 (D. Vt. 1971).

(24)　Eisen v. Carlisle & Jacquelin 417 U. S. 156, 94 S. Ct. 2140, 40 L. Ed. 2d 732 (1974).

(25)　In re A. H. Robins Co., 880 F. 2d 709 (4th Cir. 1989), これを明らかに否定するものとして，493 U. S. 959; Colorado Cross-Disability Coalition v. Taco Bell Corp., 184 F. R. D. 354 (D. Colo. 1999); United Bhd. of Carpenters & Joiners of America, Local 899 v. Phoenix Assocs., Inc., 152 F. R. D. 518 (D. W. Va. 1994). クラスの同一性の特定可能性の詳細な議論については，See 7A C. Wright, A. Miller & M. Kane. Civil 3d §1760.

(26)　Carpenter v. Davis, 424 F. 2d 257 (5th Cir. 1970); Ashe v. Board of Elections in City of New

York, 124 F. R. D. 45 (E. D. N. Y. 1989).

(27) 特に、労働組合のように、法人化していない団体のケースにこの要請を適用した場合、問題がある。救済を求めなければ、組織は技術的にはクラスのメンバーではないことから、労働組合は、クラス訴訟においてメンバーの代表を追求する。See, e. g., Air Line Stewards & Stewardesses Ass'n, Local 550 v.American Airlines, Inc., 490 F. 2d 636 (7th Cir. 1973), cert. denied 416 U. S. 993. 裁判所はメンバーが裁判を提起するため、あるいはその組織がメンバーのその利益を要求するため組織化された特別な権威を有する場合には、裁判の請求として訴訟を提起することを認める。See Norwalk CORE v. Norwalk Redevelopment Agency, 395 F. 2d 920 (2d Cir. 1968). 今日、法人化されていない団体の多くの訴訟上の問題は、連邦裁判所において、連邦規則二三条二項により、扱われている。この条文は次の中で論じられている。7C C. Wright, A. Miller & M. Kane, Civil 2d §1861.

(28) 代表がクラスのメンバーではない、という発見はしばしば、適切な代表の欠如と表現される。See, e.g., Alexander v.Yale Univ., 631 F. 2d 178 (2d Cir. 1980); Jones v. Roy, 202 F. R. D. 658 (M. D. Ala. 2001).

(29) Hunter v.Atchison, T.& S. F. Ry. Co., 188 F. 2d 294 (7th Cir. 1951) これを明確に否定したのは、342 U. S. 819. しかし、次の判例と比較せよ。La Mar v. H & B Novelty & Loan Co., 489 F.2d 461 (9th Cir. 1973).

(30) Fed. Civ. Proc. Rule 23 (a) (1).

(31) Robidoux v. Celani, 987 F. 2d 931 (2d Cir. 1993); Shwartz v. Dana Corp./Parish Div., 196 F. R.

D. 275 (E. D. Pa. 2000).

(32) E. g., Patrykus v Gomilla, 121 F. R. D. 357 (N. D. Ill. 1988); Armstead v. Pingree, 629 F. Supp. 273 (M. D. Fla. 1986).

(33) E. g., Dirks v. Clayton Brokerage Co. of St. Louis Inc., 105 F. R. D. 125 (D. Minn. 1985); Leist v. Shawano County, 91 F. R. D. 64 (E. D. Wis. 1981).

(34) E. g., Garcir v. Gloor, 618 F. 2d 264 (5th Cir. 1980). cert. denied 449 U. S. 1113; Markham v. White, 171 F. R. D. 217 (N. D. Ill. 1997).

(35) Fed. Civ. Proc. Rule 23 (a) (2).

(36) Forbush v. J. C. Penney, 994 F. 2d 1101 (5th Cir. 1993); Berwecky v. Bear, Stearns & Co., 197 F. R. D. 65 (S. D. N. Y 2000).

(37) E. g., Jordan v. County of Los Angeles, 669 F. 2d 1311 (9th Cir. 1982); Doe v. Los Angeles Unified School Dist., 48 F. Supp. 2d 1233 (C. D. Cal. 1999); Christman v. American Cyanamid Co., 92 F. R. D. 441 (D. W. Va. 1981). 法と事実の共通問題より発展的な事実パターンの類型については、See 7A C. Wright, A. Miller & M. Kane, Civil 3d § 1763.

(38) E.g., Lumpkin v. E. I. Du Pont de Nemours & Co., 161 F. R. D. 480 (M. D. Ga. 1995); Stewart v. Winter, 87 F. R. D. 760 (N. D. Miss. 1980), これを認める判例として、669 F. 2d 328 (5th Cir. 1982).

(39) Fed. Civ. Proc. Rule 23 (a) (3).「典型性」の要件である。

(40) 典型的な要請は、詳細に次に論じられている。7A C. Wright, A. Miller & M. Kane, Civil 3d

§ 1764.

(41) E. g., Inmates of the Attica Correctional Facility v. Rockefeller, 453 F. 2d 12 (2d Cir. 1971); Anderson v. Garner, 22 F. Supp. 2d 1379 (N. D. Ga. 1997).

(42) See Rosado v. Wyman, 322 F. Supp. 1173, 1193 (E. D. N. Y. 1970), 他の理由づけから肯定された判例として 437 F. 2d 619 (2d Cir. 1970) 意図を付さずに肯定した判例として 402 U. S. 991, 91 S. Ct. 2169, 29 L. Ed. 2d 757 (1971). See also Gonzales v. Cassidy, 474 F. 2d 67 (5th Cir. 1973).

(43) Degnan,「クラス・アクションの代表の適切さ」序文。Foreword: Adequacy of Representation in Class Actions, 60 Calif. L.Rev. 705, 716 (1972).

(44) Markham v. White, 171 F. R. D. 217 (N. D. Ill. 1997); Jones v. Bllinziner, 536 F. Supp. 1181 (N. D. Ind. 1982) しかし、比較せる InsLey v. Joyce, 330 F. Supp. 1228 (N. D. Ill. 1971) (クラス・アクションは共通する利益がなく、認められない).

(45) E. g., Baby Neal for & by Kanter v. Casey, 43 F. 3d 48 (3d Cir. 1994).

(46) E. g., Kalodner v. Michaels Stores, Inc., 172 F. R. D. 200 (N. D. Tex. 1997). 典型的に欠如する場合は、メンバーの代表が、証券詐欺訴訟において固有の防御に関し「プロフェッショナルな原告」である場合である。最高裁判所は、次のようにルール化している。即ち労働者が差別的な理由を主張をして昇進を拒絶した場合、使用者の実務の全ての影響に対する異議申立としてはクラス・アクションには持ち込めない。同様の慣行は他の領域、賃貸に於いても、典型性の要件は、差別が示されていない場合は、欠如する。General Telephone Co. of the Southwest v. Falcon, 457 U. S. 147,

102 S. Ct. 2364, 72 L. Ed. 2d 740 (1982). 下級審裁判所の二三条適用における Falcon 判決の影響に関する議論は、7A C. Wright, A. Miller & M. Kane, Civil 3d §1771.

(47) Fed. Civ. Proc. Rule 23 (a)(4).

(48) 裁判所は代表の存在が不適切だと発見しても訴訟を却下する必要はない。クラスをサブ・クラスに分割してよい。サブ・クラスには各々その代表を伴うこととなる。例えば、Mutual Savs. Bank Secs. 166 F. R. D. 377 (E. D. Mich. 1996). クラスが利害に対して対立しないためである。

(49) See Gonzales v. Cassidy, 474 F. 2d 67 (5th Cir. 1973).

(50) Mason v. Garris, 360 F. Supp. 420 (N. D. Ga. 1973). この判決は、364 F. Supp. 420 (N. D. Ga. 1973) によって修正された。代表が特定の権威を有するならば、代表の適切さは少なからず推定される。Anderson v. City of Albany, 321 F. 2d. 649 (5th Cir. 1963).

(51) Korn v. Franchard Corp., 456 F.2d. 1206 (2d Cir. 1972); Friedenthal Cobel v. Norton, 213 F. R. D. 43 (D. D. C. 2003).

(52) 客観性を確実にするため、いくつかの裁判所は、クラスの弁護団とクラスの代表を兼任できない、というルールを確立している。See Matassarin v. Lynch, 174 F. 3d 549 (5th Cir. 1999). これを明白に否定する判例として、528 U. S. 1116; Wagner v. Taylor, 836 F. 2d 578 (D. C. Cir. 1987); Brick v. CPC International, Inc., 547 F. 2d 185 (2d Cir. 1976).

(53) Fed. Civ. Proc. Rule 23 (g)(1). 新しい条文は、任命のプロセスを規定する手続を含むものである。Fed. Civ. Proc. Rule 23 (g)(2). これらの規定の議論については、See 7B C. Wright, A.

Miller & M. Kane, Civil 3d §1802. 3.

（54） クラス弁護団に直面して重大な利害関係が倫理的問題につき生じる。そして、裁判所は及び判例評釈者は、利害の対立を回避する方法と手段に焦点をあてている。標準的な解説として、See Garth, Conflict and Dissent in Class Actions,: 概観を示すものとして、77 Nw. U. L. Rev. 492 (1982); Rhode, Class Conflicts in Class Actions, 34 Stan. L. Rev. 1183 (1982). Note, Conflicts of Interest in Class Representation Vis-à-vis Class Representative and Class Counsel, 33 Wayne L. Rev. 141 (1986). 諸要素に関する議論に対し、裁判所は、クラス弁護団の質の評価を考慮する。See 7A C. Wright, A. Miller & M. Kane, Civil 3d §1769. 1.

（55） See, e. g., Lynch v. Rank, 604 F. Supp. 30 (N. D. Cal. 1984). 秩序だって肯定したものとして、747 F. 2d 528 (9th Cir. 1984). おそらく、驚くべきことではないのだが、プロ・セ・クラス・アクション (pro se class action) では代表の適切さの欠如が見受けられる。Fymbo v. State Farm Fire & Cas. Co., 213 F. 3d 1320 (10th Cir. 2000).

（56） See, e. g., Williams v. Balcor Pension Investors, 150 F. R. D. 109 (N. D. Ill. 1993); Aguinaga v. John Morrell & Co., 602 F. Supp. 1270 (D. Kan. 1985).

（57） Epstein v. Weiss, 50 F. R. D. 387, 392 (E. D. La. 1970). 実際上の当事者は、別訴を提起しうべきである。従って、いくつかの裁判所は、代表者や弁護団と重大な親族関係や経済的関係をもつべきではない、とする規律をしている。See In re Goldchip Funding Co., 61 F. R. D. 592 (M. D. Pa. 1974). ある一つの議論は、原告とされた者の個々の性格に焦点を当てているが、不適切である。参

照。Burns, Decorative Figureheads: Eliminating Class Representative in Class Actions, 42 Hast. L. J. 165（1990）.

（58）See, e. g., Eisen v. Carlisle & Jacquelin, 391 F. 2d 555（2d Cir. 1968）. 代表者の請求額は七〇ドルであった。

（59）次と比較せよ。McGowan v. Faulkner Concrete Pipe Co., 659 F. 2d 554（5th Cir. 1981）.

（60）Berman v. Narragansett Racing Ass'n, 414 F. 2d 311（1st Cir. 1969）, 明らかに、否定したのは、396 U. S. 1037; Hirschfeld v. Stone, 193 F. R. D. 175（S. D. N. Y. 2000）.

（61）311 U. S. 32, 61 S. Ct. 115, 85 L. Ed. 22（1940）.

（62）その後の動因には、利害対立を明確化することは必ずしも多くは見られない。Denny v. Carey, 73 F. R. D. 654（E. D. Pa. 1977）.

（63）Research Corp. v. Pfister Associated Growers, Inc., 301 F. Supp. 497（N. D. Ill. 1969）. 不本意である代表の問題のより進展した対応に関して、参照。7A C. Wright, A. Miller & M. Kane, Civil 3d §§ 1770.

（64）参照せよ。一般的な解説として、7AA C. Wright, A. Miller & M. Kane, Civil 3d §§ 1772-74.

（65）類似することが、二三条⑴項のもとでのクラス・アクションと連邦規則一九条の適用を求める当事者を規律する標準にも見られる。

（66）もし個々のクラス・メンバーの請求が極端に少額であるなら、多数当事者訴訟となるおそれは余りない。参照。Eisen v. Carlisle & Jacquelin, 391 F. 2d 555（2d Cir. 1968）.

（67） Larionoff v. U. S. 533 F. 2d 1167（D. C. Cir. 1976）その後これを肯定した判例として、433 U. S. 864, 97 S. Ct. 2150, 53 L. Ed. 2d 48（1977）.

（68） La Mar v. H & B Novelty & Loan Co., 489 F. 2d 461（9th Cir. 1973）; Rodriquez v. Barcelo, 358 F. Supp. 43（D. Puerto Rico 1973）.

（69） Cohen v. Office Depot, Inc., 204 F.3d 1069（11th Cir.2000）; これを明らかに否定したのは、531 U. S. 957; Larionoff v. U. S., 533 F. 2d 1167（D. C. Cir. 1976）. 高く評価した判例として、431 U. S. 864（1977）; LaMar v. H & B Novelty & Loan Co., 489 F. 2d 461（9th Cir. 1973）.

（70） See, e. g, In re Drexel Burnham Lambert Group, Inc., 960 F. 2d 285（2d Cir. 1992）; Doe v. Karandzic, 176 F. R. D. 458（S. D. N. Y. 1997）.

（71） この類型のより詳細な議論は次を参照。7AA C. Wright, A. Miller & M. Kane, Civil 3d §§ 1775-76. 1.

（72） このルールはクラスが行為を禁止することを請求する訴訟を正当化する場合に見られる。多くの裁判所は、訴訟を追行すること、あるいは、ある行為の追求に失敗することの為の訴訟については、このルールの適用外である、と規律する。E. g., Thompson v. Board of Educ. of Romeo Community Schools, 709 F. 2d 1200（6th Cir. 1983）; Paxman v. Campbell 612 F. 2d 848（4th Cir. 1980）. 明白に否定するのは、449 U. S. 1129; Stewart v. Winter, 87 F. R. D. 760（N. D. Miss. 1980）, これを他の理由から肯定した判例として、669 F. 2d 328（5th Cir. 1982）.

（73） E. g., Califano v. Yamasaki, 442 U. S. 682, 99 S. Ct. 2545, 61 L. Ed. 2d 176（1979）. 社会安全の

ための訴訟。Environmental Defense Fund, inc. v. Corps of Engineers of U. S. Army, 348 F. Supp. 916 (N. D. Miss. 1972)，他の理由づけから肯定した判例として、492 F. 2d 1123 (5th Cir. 1974)．環境訴訟。Van Gemert v. Boeing Co., 259 F. Supp. 125 (S. d. N. Y. 1966)．公債への社債の転換を要求した訴訟。

(74) E. g., Riley v. Nevada Supreme Court, 763 F. Supp. 466 (D. Nev. 1991)．ネバダ州手続規則への異議申立。Singleton v. Drew, 485 F. Supp. 1020 (E. D. Wis. 1980)．住宅応募者へのデュー・プロセスを要求した訴訟。

(75) See, e. g., Ashmus v. Calderon, 935 F. Supp. 1048 (N. D. Cal. 1996)．肯定的に理解するものとして、148 F. 3d 1179 (9th Cir. 1997)．破棄した判決として、523 U. S. 740, 1188 S. Ct. 1694, 140 L. Ed. 2d 970 (1998)．

(76) See, e. g., Sorenson v. Concannon, 893 F. Supp. 1469 (D. Or. 1994)．

(77) See, e. g., Johnson v. American Credit Co. of Georgia, 581 F. 2d 526 (5th Cir. 1978); Hess v. Hughes, 500 F. Supp. 1054 (D. Md. 1980)．

(78) Eubanks v. Billington, 110 F. 3d 87 (D. C. Cir. 1997); Probe v. State Teachers' Retirement Sys., 780 F. 2d 776 (9th Cir. 1986)．明確にこれを否定したのは、476 U. S. 1170.

(79) 裁判所は、規則二三条(b)(2)が適切となるよう、付随的な損害か否かを決定する異なった基準を採用している。比較せよ。Allison v. Citgo Petroleum Corp., 151 F. 3d 402 (5th Cir 1998)．（次の判例と相俟って）Robinson v. Metro-North Commuter R. R. Co., 267 F. 3d 147 (2d Cir. 2001)，明確に

これを否定した判例として、535 U. S. 951.

（80）規則二三条b項(3)に関するより詳細な議論のためには、参照。7AA C. Wright, A. Miller & M. Kane, Civil 3d §§ 1777-84. 1.

（81）この第三の要請は、規則二三条(b)項(3)は公式の要請とは言明されていない。しかし、規則二三条(c)項(2)の命令が、その詳細な規定として全ての訴訟に適用される。訴訟のクラス・メンバーへの配慮ができず、あるいは、不本意である、との理由から、おびただしい判決で却下されたことから、ある配慮（notice）がクラス・アクションの共通の問題の維持のため、共に平等な要請として扱われている。

（82）Comment, Rule 23: Categories of Subsection (b), in The Class Action-A Symposium, 10 B. C. Ind. & Com. L. Rev. 539, 555（1969）.

（83）Frankel, Some Preliminary Observations Concerning Civil Rule 23, 43 F. R. D. 39, 43（1967）.

（84）連邦民事規則二三条(a)(2)と比較せよ。この条項は、共通の問題のみを要求しているのであり、この規定が全てではない。

（85）比較せよ。Minnesota v. U. S. Steel Corp., 44 F. R. D. 559, 569（D. Minn. 1968）. 次の判例を考慮してクラス・アクションが肯定された。Bonner v. Texas City Independent School Dist. of Texas City, Texas, 305 F. Supp. 600, 617(S. D. Tex. 1969).（クラス・アクションが認められなかった事例。）

（86）Lockwood Motors, Inc. v. General Motors Corp., 162 F. R. D. 569（D. Minn. 1995）; Kleiner v. First Nat. Bank of Atlanta, 97 F. R. D. 683（N. D. Ga. 1983）.

(87)　Esplin v. Hirschi, 402 F. 2d 94, 99 (10th Cir. 1968). 明らかに否定したのは、394 U. S. 928; Kristiansen v. John Mullins & Sons. Inc., 59 F. R. D. 99 (E. D. N. Y. 1973); Illinois v. Harper & Row Rublishers, Inc., 301 F. Supp. 484, 488 n. 7 (N. D. Ill. 1969).

2　東日本大震災復興の法的問題点について

2　東日本大震災復興の法的問題点について

一　序

二〇一一年三月一一日午後二時四六分、宮城県沖において、マグニチュード九・〇の巨大地震が発生した。この未曾有の巨大地震は一〇〇〇年に一回の国難とされ、今なお、人的被害は二五〇〇〇人以上におよぶとされており、この被害・補償の法的問題は、国会および地方自治体の取り組みとされている。

加えて、福島第一原子力発電所における深刻な事故は、今後、様々な影響が見込まれる状態である。

当初、損害は一八兆円とも二三兆円とも予測され、九月中旬に於いては、一二兆円程度とも、された。幸い、後述のとおり、地震保険や寄付による救済は、確たる高額にのぼり、東北新幹線の復興も四九日という、類を見ない回復によって、九月二三日には、「はやぶさ」は、徐行運転から、通常運転に移行しえた。復興の目に見える力強さが実感される朗報である。

太平洋沿岸部の今後の復興は、ライフライン・住宅・企業設備・港湾等が国家の施策および地方自治により、住民参加の方式により、進められるべきである。

電力不足による日本経済の被る影響は、東京電力主導のもと、七割の節電体制により、生産活動の低下、消費の抑制が徹底され、製造業の製造遅延（例として、トヨタのGMへの部品供給の履行遅滞、i-Pad2の出荷の遅延など）が社会的問題となった。復興の建設需要によって、今後しばらく日本経済の伸びは見込まれるものの、生産は、西日本または海外へとシフトし、リスク回避の企業活動が定着した。OECDの試算によれば、損害額はGDP（二〇一〇年）の三・三％－五・二％であり、二〇一一年前半は、下押し圧力が強い状態が続いた後、年度後半にかけて、輸出や生産がはっきりした増加に転じ、景気回復テンポが高まる。二〇一一年には、GDPを〇・八％押し上げ、二〇一二年には、輸出・生産を起点とする所得・支出への波及メカニズムの働きがはっきりと始まり、GDPを二・三％押し上げる可能性が高い。資本ストックの復元に向けた動きも、次第に我が国経済を押し上げる方向で寄与してくるものと考えられる。

補償対策として、東京電力の法的処理とともに、損害補償機構の設立、税制対策（増税か否か、郵政改革による、増税回避による試案が現在有力視されている。）など野田内閣の政策運営は、活発化している。

本特集号のテーマは国民的課題とされ、多くの論点を含んでいるが、本稿では、民事上の法的救済及び復興の方法等について、主に論じて行き、今後の議論の参考としたい。

二　政府の見解

まず、政府の現状の理解および今後の対応の論拠として、基本的な資料をここでは紹介し、内閣府等による現状把握と今後の指針について検討したい。

(1)　内閣府「東日本大震災による被災地域の復興に向けた指針策定のための復興構想について（東日本大震災復興構想会議諮問書）」（二〇一一年四月）「東日本大震災は、その被害が東日本の極めて広域に及ぶだけでなく、大規模な地震と津波に加え原子力発電施設の事故が重なるという、未曾有の複合的な大災害であり、かつ、その影響が我が国社会経済や産業に広範に及んでいる。今般の大震災は、単に被災地域だけの問題ではなく、今を生きる私たち全てが自らのこととして受け止めるべきである。我々は、この国家的な危機を乗り越え、被災地域における復興や生活の再建を速やかに達成するとともに、今般の大震災によって我が国社会経済や産業が受けた影響を克服し、豊かで活力ある再生に向けて歩みださねばならない。」

ここにおいて、今後の施策の覚悟が明らかにされ、国家と我々国民の全体の連帯と協力が不可欠であることが明確に示されている。

(2)　内閣府「月例経済報告」（二〇一一年四月一三日）

次に、大震災後の経済や産業に及ぼす影響については、次のような報告が内閣府により為されている。

【1】　我が国経済の景気は、持ち直しつつあるが、東日本大震災の影響により、弱い動きとなっている。

【2】　輸出は持ち直しが見られるものの、今後大震災の影響による減少が見込まれる。生産は持ち直してきたが、震災後、生産活動は低下している。

【3】　企業収益は、改善している。設備投資も持ち直しつつある。企業の業況判断は、慎重な状況である。

【4】　雇用情勢は、持ち直しの動きがある。

【5】　個人消費は弱い動きがある。

【6】　物価の動向は緩やかなデフレ状況にある。

以上、大震災後、生産活動は、弱い動きとされるが、今後復興の特需または、大きな需要が数年にわたり、見込まれることが予期される。

(3)　日本銀行「経済・物価情勢の展望（二〇一一年四月）」

次に、中央銀行による現状分析は、次のとおりである。

二〇一二年度までの日本経済の見通しを点検するに当たっては、以下のような視点を持っておくことが重要である。第一に、震災による経済への下押し圧力は、基本的には資本設備の毀損等による供給面のショックとして現われており、海外経済の高成長など、震災前まで日本経済の回復を支えていた基本的な条件に大きな変化はない。この点、金融ショックによって世界的に需要が急減したリーマン・ショック時とは異なる。第二に、震災の影響は、時間の経過とともに変化していくことに留意する必要がある。短期的には供給面の制約に伴う影響が大きく出るが、その後は、供給面の制約が和らいでいくうえ、毀損した資本ストックを復元していく動きが顕在化してくる。さらにより長期的には、震災が、わが国経済の趨勢に成長力がどのような影響を与えていくかという点も重要である。第三に、これらの震災の影響の現われ方については、その時期や規模を含め様々な点で不確実性が大きい」。

この状況は、物的にも人的にも損失は未曾有のものである。すなわち、今回の震災の経済的影響は、内閣府の当初の試算によれば、一六兆－二五兆（これはストック面――社会資本・住宅・民間企業設備に関して「月例経済報告等に関する関係閣僚会議震災対応特別会合資料――東北地方太平洋沖地震のマクロ経済的影響の分析――平成二三年三月二三日」）であり、また、東京電力の債権者である政策投資銀行の試算は約一六兆円である。これは、岩手県、宮城県、福島県、茨城県に於ける資本ストックの被害であるが、現時、東京電力は、被害状況につき、住民に対してアンケートを実施しており、これは、医療的サポート等を考慮すると、数十年以上に及ぶ取組みである。なお、東京電力の補償規模については、議論のあるところである（後述）。

(4)　厚生労働省について

厚生労働省「厚生労働省「被災者等就労支援・雇用創出推進会議第一回会議（平成二三年三月二八日）」によれば、岩手県、宮城県、福島県三県の、臨海部の市町村における被災事業所は、八・八万事業所、就業者数は、八四・一万人であり、そのうち、四月二八日現在に於いて失業手当の申請は七万人におよび、昨年の二・五倍にのぼる。他方、二〇一一年度補正予算の概算要求によると、雇用の創出及び支援につき、雇用創出は二〇万人、支援として一五〇万人が確保される。これは、実質GDPへの影響が、＋〇・六％である。

政府は、震災後のインフラ整備として、仮設住宅の建築、がれき処理等復興費として、四月二二日現在、四兆円規模の補正予算を決定した。生活支援、被災者の衣食住の保障、人生にわたる支援が今後も長期間におよんで続けられなければならない。

東日本大震災関係経費の内訳は、国立国会図書館「平成二三年度第一次補正予算と今後の課題――東日本大震災からの復旧予算――（ISSUE BRIEF NUMBER711）」（二〇一一年五月）によると、次のとおりである。

［1］災害救助等関係経費（応急仮設住宅建設、遺族への弔慰金、被災者への見舞金等）四八二九億円
［2］災害廃棄物処理事業費（がれき等処理）三一九五億円
［3］災害対応公共事業関係費（河川・海岸・道路・港湾等の公共土木施設復旧等）一二〇一九億円
［4］施設費災害復旧費等（学校施設・社会福祉施設等の復旧等）四一六九億円
［5］災害関連融資関係経費（中小企業・災害復興住宅・農林漁業者への融資等）六四〇七億円
［6］地方交付税交付金（災害対応の特別交付税増額）一二〇〇億円
［7］その他の東日本大震災関係経費（自衛隊・消防・警察・海上保安庁活動経費等）八〇一八億円

以上、総額四兆一五三億円が復興予算とされている。各予算の内容は、次のとおりである。

［1］災害救助等関係経費（四八二九億円）

災害救助等関係経費のうち最大の項目は「災害救助法」（昭和二二年法律第一一八号）に基づいた応急救助に対する災害救助費（三六二六億円）がある。これは、予備費との合算によって、既に、一〇万戸の応急仮設住宅が供与された。他には、災害弔慰金等（四八五億円）、災害援護貸付

金（三五〇億円）、生活福祉資金貸付事業費（二五七億円）、被災者緊急支援経費（一一二億円）が計上された。

［2］　災害廃棄物処理事業費（三五一九億円）

がれき等は、処理・輸送は放射能の放出を考慮すると、困難な事業である。ここに、今回の被災の大きな問題が存在する。これについては、被災地方自治団体に対する補助金の支出が為されている。被災地域の広汎さから、阪神・淡路大震災における項目費の本事業費（一六二五億円）を大きく上回っている。

なお、本事業費につき国庫補助率は、通常時の二分の一に対し、嵩上されている。すなわち一定額の項目は十分の八あるいは、十分の九であるとされる。また、国庫補助金の残余について全額、災害対策債（地方債）により手当てされ、元利償還金につき、一〇〇％交付されることとなった。これにより被災地の直接負担は皆無である。

［3］　災害対応公共事業関係費（一兆二〇一九億円）

災害対応公共事業関係費の大部分を占める項目は、公共土木施設等の災害復旧等事業費（一兆四三八億円）であり、その復旧対象は、次のとおりである。すなわち、公共土木施設（河川・海岸・道路・港湾・漁港・下水道等、八二三五億円）、農業用施設・農地（五〇〇億）、有料道路

（四九二億円）、既設公営住宅（四六八億円）、空港（二三七億円）、その他（水道・工業用水・廃棄物処理施設等、五〇六億円）である。さらに、今回、早急に復興の実施が課題であることより、一般公共事業関係費（一五八一億円）が計上された。

［4］　施設費災害復旧等（四一六〇億円）

施設費災害復旧費等は、学校施設、社会福祉施設、農業・林業用施設、警察・消防防災施設、中小企業組合等共同施設等の復旧のための経費等（地方への補助を含む）である。この歳出に於いて注目すべき項目は、学校施設等（二二七一億円）であり、文教施設災害復旧費（一八三一億円）に加え公立学校施設の耐震化（三四〇億円、約一二〇〇棟）が計上されており、対応が急がれる。

［5］　災害関連融資関係経費（六四〇七億円）

被災した中小企業、農林業者等の事業再建等のための支援の融資である。他に独立行政法人住宅金融支援機構の災害復興住宅融資、私立学校の施設整備等のための低利融資等の遂行も計上され、合わせて、平成二三年度財政投融資計画に、財政融資四兆三二二〇億円が追加された。

中小企業向けとして五一〇〇億円（日本政策金融公庫への出資、資金供給円滑化信用保証協会基金補助金等）が計上されている。事業規模では、一〇兆円程の保証および融資が準備された。これは、信用保証協会「東日本大震災復興緊急保証」、日本政策金融公庫・商工組合中央金庫による

「東日本大震災復興特別貸付」等による復興対策である。

［6］　地方交付税交付金（一二〇〇億円）

第一次補正予算に関連し、地方への再生、復興支援が被災地域へ計上された。地方自治の本旨に政府の支援が多目的な方途により実現されることが望まれる。災害弔慰金の負担額等、応急対応費が多額にのぼる見込みである。この予算については、特例として全額、特別交付金として交付されることとされている。

［7］　その他の東日本大震災復興関係費（八〇一八億円）

その他、自衛隊・消防・警察・海上保安庁による活動経費等（二五三九億円）、医療保険制度等の保険料減免等に対する特別措置（一一四二億円）、漁船保険・漁業共済の支払支援（九三九億円）、漁場・養殖施設等復旧対策（六八一億円）、被災者生活再建支援金（五二〇億円）、雇用関係（五四一億円）、被災児童生徒等就学支援（二一九億円）、企業等の電力需給対策（一七八億円）、燃料安定供給対策（一三六億円）等が計上された。

政府の対応が、実行力あふれる、迅速な対応であるよう、期待したい。

三　民事責任について

(1)　民事責任に関しての問題の整理については、まず東北三県の地震・津波の被害は、一部は、地震保険で補償されている。これについては、阪神・淡路大震災の教訓として、東北地方において、四人に一人は、地震保険に加入され、地震後、保険会社の東京方面からの、人的支援もあって被害額について、保険の手当は、迅速に達成された。地震後三か月後に約五三〇〇億円の支払いが終わっているが、今後の被害状況も検討されよう。（一〇月一二日現在、全国で一兆一六二五億四七〇〇万円、七〇万二七八九件の対応が終了している。）なお、九月時点に於いて震災における損害総額は、約一二三兆円であり、そのうち、五兆円から一〇兆円規模が、東京電力の補償範囲であるとされる。

(2)　第二に、自主的避難につき、避難生活については、県外への自主的避難を除き全額政府の支援が決定された。

(3)　第三として復興計画のロードマップが一〇年間にわたり、すでに、広報などにより伝えられており、各年度単位予算によって、賄われる予定が決定されており、これについては、現時点の今年度第三次予備予算が、三兆円程度既に、支出される見通しである。（本稿では、二一–三年、五年、一〇年後、それ以後を念頭におくこととしたい）。

(4)　第四としては、東北地方の生活の保護全体につき、早急の復興が国難上の課題であり、国政上の緊急課題とされ、国民生活の再生が急がれる。これに関し、論点が多岐に及ぶが、個人、企業の民事上の法的関係の確定（土地の所有権確定、利用権確定、債権関係の問題（後述））および地方自治の今後の再生、土地利用等の決定の方法、財源論などが、必須の論点である。

(5)　第五として、福島原子力災害についての被災者への支援如何が一つの問題とされよう。原子力災害に関しては、原子力災害法上、無過失責任が国家政策とされる（原子力損害の賠償に関する法律（以下「原子力災害法」という。）三条）。同法六条によっても、そのことが、制度目的に適うこととされる（「原子力事業者は、原子力損害を賠償するための措置（以下「原子力賠償措置」という。）を講じていなければ、原子炉の運転等をしてはならない。」）。三条但書きによれば、「その損害が異常に巨大な天災地変または、社会的動乱によって、生じた」場合には、免責されることとされようが、今回の国難にあっては、国家も監督責任を負うことが、妥当であり、公的支援を全面的に実施すべきである。この立法は、当初、無過失責任を前提としたが、この免責条項が但書として修正された経緯がある。さらに、「原子力災害対策特別措置法」（平成一一年）三条は次のように規定する。すなわち「原子力事業者は、この法律又は関係法律の規定に基づき、原子力災害の発生の防止に関し万全の措置を講じるとともに、原子力災害（原子力災害が生ずる蓋然性を含む。）の拡大の防止及び原子力災害の復旧に関し、誠意をもって必要な措置を講ずる責務を有する。」地震の発生が不可避な日本に於いて、天災地変は、国家の関心事であり、国家的な支援が本来、望ましい。新支援機構の設立は、妥当な政策であろう。そもそも、原子力事業者の法的責任は、国家賠償法や通常の民事不法行為（民法七〇九条）上の過失責任ではなく、むしろ、危険責任とされる。自動車損害賠償法の損害法理以上の保護が、立法上想定されている。従って、通常損害、予見可能性の無い特別損害に関して、無過失責任を負うこととされるものとされよう。免責されることなく、全額補償することが、理論的であり、当事者の債権関係（倒産等）如何は、考慮されず、当事者の債権者保護を勘案することとは、全く無関係である。今日では、すでに、新損害支援機構が設立されており、東京電力による被害の全面把握が急がれている。同社社長は、債務超過にはならない旨、公表している。被害の全額補償が前提であるから、国家の補償が当然視される。すなわち、株主保護は、むろん、債権者保護も考慮されない。国家が国家予算を投じ、公的に全面的に補償、全額支援を行うこととされる。被害者保護が第一優先の国家事業である。そこで、減資等に関わらず、支援機構は、補償の限り、利害に関わらず、長期的に存続することとされる。

(6)　第六として、民事関係の債権債務関係は、貸借関係において、債権放棄か、公的支援（公的資金投入）がまず、考えられる。金融機関自身が、被災しており、本来、困難であることから、株主が利益を吐き出し、被害者保護が図られるべきであろう。金融機関への返済は、今日、現実的でなく、外部（国家）からの支援で、賄われるべきである。具体的には、次のような、日本弁護士連合会の提言が、行われている。この場合、Ⅰ 中小企業及び、農林水産業、Ⅱ 個人住宅ローン、Ⅲ 金融機関に関して問題を検討する。

Ⅰ　中小企業及び農林水産業への対応

(ア)　旧債務について

(1)　公的な旧債務整理（公的資金による出資および債権の買い取り支援）

(2)　個人向けの私的整理（金融機関による債権放棄、債務免除）

(3)　再生可能のための利子負担の減免

(イ)　新債務について

①　公庫等による融資制度の拡充

②　信用保証制度の拡充

③ リース信用保証制度などによる設備投資支援策
④ 原発事故被災者への特別支援の創設
⑤ 事業環境整備（中小企業に対する再生復興支援）

Ⅱ 個人住宅ローンへの対応
① 旧債務について
(a) 住宅金融に関して既存ローンの返済の猶予等
(b) 私的整理の整備・拡充
(c) 住宅再建の負担軽減（利子・課税の減免等）
② 新債務について
(a) 住宅金融機関の金利引き下げや返済期間の延長制度
(b) 災害被災者への公営住宅の提供

Ⅲ 金融機関向けの対応
1 金融機関への資本参加・要件緩和（「金融機能強化法」（平成一六年）及び「信用事業再編強化法」（平成八年）の法改正）
2 金融機関の被災者向け融資の課税の減免

日弁連の提言は、金融機関の公的存在理由から、債権放棄・債務免除、返済の猶予・金利引き下げが要請され、資金調達の支援を目指す提言である。被災者の便宜を考慮し、実情に合った対応が迅速に行われるべきであろう。事業再生への簡便かつ迅速な法的支援が不可避である。

四　震災の政府の諸事業

また、政府による所轄ごとの対策には次のような対応も行われている。

(1)　二重債務対策（金融庁）

震災の影響で住宅ローンを返済できなくなった方が、金融機関との私的な合意により債務免除等を受ける際の指針である「個人債務者の私的整理に関するガイドライン」が策定された。このガイドラインにより金融機関と既存の借り入れにつき、弁済方法の変更あるいは、債務減免等の合意ができる。また、自己破産等を回避しうることとされている。

(2)　中小企業倒産防止共済制度（中小企業庁）

中小企業倒産防止共済制度に加入の場合、被災により支払不能になった取引先の手形・小切手等、取引先の死亡・行方不明に関しては、積立掛金総額の一〇倍を限度として無利子・無担保・無保証人で共済金の貸付を受けることができることとされた。

(3)　金融機関の対応（金融庁）

政府は、金融機関に対し次のような要請を行っている。

(i)　預金通帳の紛失に関しては、氏名・住所などが確認できれば、預金の払戻に応じる。

(ii)　震災により手形の支払が出来ない場合でも不渡りとしない。

（注）手形には「災害による」旨の記載をする「不渡付箋」が貼られて手形交換所規則に基づく不渡処分（不渡報告への掲載及び取引停止処分）は猶予される。

(iii)　借入金の返済猶予やつなぎ資金の申し込みに出来るだけ応じること。（融資審査の提出書類等を必要最小限のものとする等、弾力的・迅速な対応に努める）

(iv)　生命保険や損害保険の保険金の支払いを迅速に行う。

(4)　預金払戻し（金融庁）

被災地の多くの金融機関では、避難先の取引銀行以外の金融機関に於いても払戻しができるよう、対応が為された。

(5)　年金（厚生労働省）

六五歳未満の配偶者や一八歳未満の子供がいて、年金額が加算されている場合、外国籍の方には、被災され、必要書類（現況届、生計維持確認届など）を期限までに提出できない場合でも、年金を受けることができる。

(6)　保険料支払い猶予（金融庁）

生命保険各社・損害保険各社においては、被災された方からの申出があれば保険料の支払い等の猶予をおこなう。

(7)　国債の換金（財務省）

中途換金できない期間でも、罹災証明書があれば換金できることとされている。また、災害救助法適用地域に住んでいる場合には、罹災証明書が無くても、氏名・居住地が確認できれば換金できることとされている。

(8)　恩給（総務省）

被災者には、個別の相談に応じることとされている。

(9)　在留期間の延長（法務省）

被災時に青森県、岩手県、宮城県、福島県、茨城県におられた外国人の方は、八月三一日まで在留期間が延長されている。日本語のみでなく、英語、韓国語、中国語、スペイン語、ポルトガル語にも対応している。

⑽　災害弔慰金・災害障害見舞金／災害援護資金（厚生労働省）

震災で亡くなられた方のご遺族に弔慰金を、震災で重度の障害を負った方に見舞金が支給される。災害で負傷または、住宅・家財に被害を受けた世帯主には、災害援護資金を貸し出すこととされている。

⑾　被災者向けのパスポート再発行（外務省）

パスポートを紛失された被災者には、り災証明書等によって、国の手数料なく、再発行が行われる。

⑿　子供の就学支援（文部科学省）

文部科学省が幼稚園の「保育料」や「入園料」、小中学生の「学用品」や「通学費」、「給食費」等に対する補助を拡充している。

⒀　奨学金（文部科学省）

文部科学省ホームページ「子どもの学び支援ポータルサイト」には被災した児童生徒等に対して、民間団体や地方公共団体等が実施する奨学金事業等が掲載されている。

⒁　被災学生に対する支援（文部科学省）

平成二三年度補正予算の成立により、被災学生に対して支援が拡充された。震災の影響で家計が急変した学生を対象に無利子の奨学金の貸与が拡充された。総額三五億円、約四七〇〇人分。さらに、被災された学生を対象に、国立または私立大学・短大・高専・専門学校の授業料の減免・免除額枠が拡充された。総額四一億円、約六〇〇〇人分である。

⒂　奨学金の貸与期間の延長（文部科学省）

震災の影響で内定取消などの事情で在学期間を延長する場合、通常四年間の日本学生支援機構の有利子奨学金（第二種奨学金）の貸与期聞が最大一年間延長される。

⒃　被災した児童生徒の公立学校受け入れに関する相談（文部科学省）

被災され、新たな学校が決まらない児童生徒の受け入れ先として、避難先の学校など、本来の在籍校以外の学校を希望する場合には、都道府県の教育委員会が相談に応じる。

⒄　電気・ガス料金等（経済産業省）

災害救助法適用地域及びその隣接地域では、被災地の電気やガスの支払につき、期間の延長などの特別措置が適用される。

⒅　農山漁村の受け入れ情報（農林水産省）
岩手、宮城、福島の被災者への空家などの住まいの情報、農林水産関係の雇用、活用できる農地の情報が各自治体から提供されている。
⒆　受け入れ施設（観光庁）
旅行会社や宿泊施設による被災者への支援の情報が紹介されている。（あくまで善意の情報提供であり、具体的な契約は申込みに際して申込者が確認を行うこととされる。）

五　復興に向けての在り方

震災後五年後、一〇年後の復興計画がロードマップとして、公表されている。今後の都市計画、街づくりの経緯として、どのようなあり方が可能かが、検討されるべきである。

クラウド等の採用が経済産業省において検討されている。クラウドは、電力等ライフラインの供給者（サプライヤー）から、企業（工場、事務所）、個人に向け一括管理されて、維持・管理するソフトである。安全管理やコストの点で優れており、今後の復興計画で採用可能なＩＴ技術であろう。都市のグランド・デザインは住民参加の自治により、憲法第八章地方自治、地方自治法一条、一条の二、の趣旨、法目的により意見集約されることとなろう。自律と自治が人間の尊厳のために、尊重されるべきである。

町づくりの防災、建設技術の免震対策がまず、図られるべき課題である。また、リスク管理として、地域、外国へのリスク回避も重要な対策である。

道州制なども、検討されてよい議論である。この点は、ライフライン・交通網・物資供給など、トータルなシステムが効率的かつ、投資に有意な地域構想として、見直されるべきである。

食とエネルギーが問題とされて、生活・暮らしを本来、安全に守るべきことが、第一に共同体の使命であることが、今回、共通認識とされた。原子力発電の危険性は、国民投票や地方自治レベルの判断に従うべきであろう。自家発電といった自衛策が不可避であり、高度技術社会では、過剰な依存は政策ミスとされる。社会システムがそのような自立型の自己完結的機能を内包すべきである。安全の保障と高福祉の実践が経済の成長とともに、常に確保されなければならない。そのプロセスの中に、価値の新しい創造と、共存共栄のための変革が行われるべきである。平時と非常時との想定と具体策が危機意識の本質として全てのプレーヤーに共有されるべきである。知識社会に奉仕すべき社会科学は、このシステムの向上・発展のため、サイエンスとして、改訂版を常に示す課題をいずれにおいても、有しており、その展開を怠れば、共同体の運命に関わる重大事たりうる。人間社会の幸福度の法理はこのような、成長戦略と共同体の自己防衛策に依拠する。日本国憲法は世界に類を見ない幸福追求権を謳うが、その内実を具体化する智慧を享有すべきである。何が、今日の問題かの明晰なる分析と、様々な選択肢からの解決が即刻対応されるべきであり、新しい地平を構築し続けるべきである。安全への志向が希望の原理となり、人間の尊厳に服するべきである。森羅万象を感得し、理念を掲げるべきである。マイケル・サンデル氏に拠るならば、正義とは、公共善である。正義とは、今日多様であるが、人間の尊厳のための正義は、本来、平等に生活して往ける公平な社会であり、その内容としては、平等の保障とその公平感からの安心・安全の確保である。学問としての社会科学は、迅速な変革力（政治学）と生活の利便さの追求（経済学）及び正当な正義論（法律学）の教えであり、合理的な人間社会の発展と調和を希求する。このような幸福追求権は、合理性の追求により、共同体のメンバーを卓抜させ、より良いプレーヤーを育てるであろう。社会システムの構築とは、共同体の社会理論による社会防衛と、改変のための民主的手続保障を備える自律的存在であり、正義のための自己防衛を内包するものである。そのためには、全てのプレーヤーのために、全力で誠実に任務を行う、成長発展と救済を実践する、深い自覚と卓抜した努力が要求される。守るべきことがあれば、自ずと我々は、理解し、実行へと立ち向かうものである。今回の受難は、我々に新たに出発することを教えた。

最後に、IAEAの五月二四日から六月二日にかけての福島第一、第二原子力発電所、及び東海第二原子力発電所における調査報告を紹介する。

(1)　福島第一発電所の防護壁は、五・七メートルの津波に耐える設計であったが、当日この施設に対して一四メートルともされる津波が押し寄せた。

(2)　一基の非常用のものを除き、内部・外部の電力が期待しえない全交流電源喪失を引き起こした。

(3)　福島第一では多くの建物、扉、通路等インフラが、破壊され、原子炉の制御、計測設備を失い、その上にサイト内外の通信設備を失うという、前例のない壊滅的な緊急事態シナリオに見舞われた。

(4)　三月一一日四四分後の一五時三〇分頃に津波が到達した。これは洪水、流体力、砂、沈泥の沈積などで、安全機能の冠水崩壊を起こした。

(5)　日本の津波災害の高水準の専門知識が適用されなかったのは、組織上の問題が妨げになったためと思われる。

（6）　一五の結論と一六の教訓は、外部ハザード、事故管理に於いて原子力界の安全向上にとり、貴重である。

なお、この詳細に関しては、八月五日の原子力安全保安院のレポートを参照されたい。真のエネルギー国家戦略の提言に期待したい。

【参考文献】

1　『東日本大震災　復興への提言』（伊藤滋賀、奥野正寛、大西隆、花崎正晴）
2　『震災からの経済復興』（寺島実郎他）
3　『日本の未来について話そう ――日本再生への提言――』（ドミニク・バートン他）
4　内閣府・平成二三年（二〇一一年）東北地方太平洋沖地震（東日本大震災）について（平成二三年五月二六日）　http://www.kantei.go.jp/saigai/pdf/201105261700jisin.pdf
5　内閣府・政策推進指針～日本の再生に向けて～（平成二三年五月一七日閣議決定）　http://www.npu.go.jp/policy
6　内閣府日本学術会議　救済・支援・復興に男女共同参画の視点を　東日本大震災に対応する第六次緊急提言（日本学術会議東日本大震災対策委員会）　http://www.scj.go.jp/ja/info/jishin/pdf/t-110415.pdf
7　日本学術会議緊急集会「今、われわれにできることは何か？」に関する緊急報告

http://www.scj.go.jp/ja/info/kohyo/pdf/k-110318.pdf

8　厚生労働省・社会保障制度改革の方向性と具体策――「世代間公平」と「共助」を柱とする持続可能性の高い社会保障制度――　http://www.mhlw.go.jp/stf/houdou/2r9852000001bxcx.html

9　厚生労働省「日本はひとつ」しごとプロジェクト　フェーズ２（第二段階）～日本中が一つとなって、あなたのしごとと暮らしを支えます～（被災者等就労支援・雇用創出推進会議第二段階とりまとめ）　http://www.mhlw.go.jp/stf/houdou/2r9852000001amjd.html

10　経済産業省・新しい日本の創造――「文化と産業」「日本と海外」をつなぐために――（クール・ジャパン官民有識者会議提言）

http://www.meti.go.jp/committee/kenkyukai/seisan/cool_japan/2011_houkoku.html

11　独立行政法人科学技術振興機構・東日本大震災からの復興に関する提言（戦略提言）

http://crds.jst.go.jp/report/press/city13_hh_000123.html

12　独立行政法人科学技術振興機構・東日本大震災により被災された地域の復興に向けて（東日本大震災特別対策シナリオ検討チーム）　http://www.jst.-lcs.jp/material/20110329.pdf

13　日本銀行・大震災後の日本経済：復旧、復興、成長――内外情勢調査会における講演――

http://www.boj.or.jp/announcements/press/koen_2011/ko110415a.htm

14　東日本大震災：社会の頑健性と復興に向けた意思――Council on Foreign Relations　主催の会合（ニューヨーク）における日本銀行総裁・白川方明氏発言要旨の邦訳――

http://www.boj.or.jp/announcements/press/koen_2011/ko110415a.htm/

15　阪神・淡路大震災復興フォローアップ委員会提言——東日本大震災の被災地復興に向けて——
http://web.pref.hyogo.jpo/contents/000179251.pdf

［二〇一一年一〇月一四日　記］

3　不動産物権変動について

3　不動産物権変動について

TRANSFER OF PROPERTY RIGHTS

The time of transfer of immovable property is ruled by two articles in Japan. § 176 of civil code which we learned from France in Meiji area, is decided among the parties.

And the alienation of the ownership is at the time of the agreement of the contract.

And § 177 in civil code which we learned in Meiji area from Germany, decides to the third party. It is required the record.

And to insist the right to the third party, it is needed record.

I feel both articles are not alike. I agree with German way. The record is required among the parties and to the third parties also. I think it should be admitted in Japan.

一　序

物権法に於いて不動産の所有権移転時期については、議論が分かれる。ドイツ民法第二章不動産の総論規定の最初の八七三条では、不動産の所有権の譲渡は、合意及び登記が必要であるとされる[(1)]。私見はこの通りで良いと考える。不動産登記に公信力を認めることにも賛成である。

しかし、日本においては、所有権の移転については一七六条の意思主義が、フランス民法典（一八〇四年）から、そして、一七七条の対抗要件主義がドイツ民法典（一九〇〇年）から、別個に採用され、矛盾を来していることが、久しく指摘されている。

そこで、本稿は、ドイツ法を採用し、取引の安全を図るべきことを主張する。これにより、一七六条と一七七条の統合が図られ、この矛盾が解決されるものと考える。

二　民法起草者の見解

(1)　法典調査会での議論

現行法の一七六条は穂積陳重委員の立案によるものである。(2)まず、要点のみ摘示するならば、ここにおいては、登記により、移転するとした法制度では、登記以前から権利を侵害されていたならば、他者がその人の権利ではないからといって侵害するのが当然となる（そこで登記を早く具備しなければならないこととなる）。又、その人の権利ではないから、「侵害してよい」とはいえない（従って、ここでも早く登記を具備することが促進される）。このような議論のすえ、登記は対抗要件だとされたわけである。即ち、これが、第三者に対抗することができない、という法選択である。そして、二重譲渡の場合には登記が有益である、とする。

ここで、穂積委員の基調説明について、概略すると次のとおりである。

第一に本条（一七六条、現行法一七七条）は前条の但書的存在である。

第二に物権は合意で移転する事ができる。

第三に物権は合意に依って、設定することができる。

第四に、旧登記法第六条に於いては、第三者に登記を具備しなければ、効力が無い、と書かれているが、起草者はこの主義を採用しない。

第五として、登記は第三者への対抗要件である。（注と重複するが、この点を再度穂積委員の説明によれば、次のとおりである。「勿論、物権がありました時に第三者に対してそれを主張し、それをもって第三者という者に不利益を与えることは出来ないという方と同じ結果となりますが、しかし、対抗することができたとする方を採用したのであります。」）

第六として、公法である登記法のための登記法理として公示の原則を第三者のため、重視した。

第七として、第三者の善意、悪意を不問とした。（この点は、現在では、公信の原則により、修正されている。即ち、善意、無過失でなければ、第三者は保護されないこととされる。判例の制限説を前提とする。）

第八として、登記することを要するかは、不動産登記法に依ることも可能である。

第九として、相続には、登記が対抗要件として必要である。（これは時効取得及び取消も同様とすべきである。）

以上の基調説明により、本条文の射程範囲がある程度明らかとされる。他方、起草者の梅委員の民法要義の巻二の説明を注に附記する。[3]

三　ドイツ民法の不動産物権変動について

ドイツ民法においては、物権変動を生じる契約を物権的合意とし、土地所有権譲渡[4]の合意は当事者双方が登記所に出頭して行う。これをアウフラッスング（Auflassung）という。[5]これは、債権的行為である契約（Vertrag）とは別個のものとされ、不動産の物権の移転については更に登記（Eintragung）を要し、これがなければ、変動の効力は、生じないものとされる。これが形式主義である。この方式は、意思主義には劣るが、取引の安全および、法律関係の安定に資するものとされる。[6]

四　フランス民法の不動産物権変動について

フランス民法は、物権の変動を目的とする合意も債権を発生させる合意に於いても convention

とし、両者の区別がなされない。所有権は債権の効力により移転する。(7) 物の給付について、特に、登記などを必要としない。日本の現行法と同じく当事者間では、登記は必要とされない。契約（合意）のみにより、物権変動は生じるものとされる。(8) 前述のとおり、フランス民法は法典上、物権と債権を区別しないことから、意思主義により、債権的行為のみに依り所有権は譲渡される。しかし、この方式は、私見によれば、対第三者との法律関係と当事者間の法律関係（契約時と権利移転時）が統一的に扱われず、（公信力の点においても）困難を来たすこととなる。

五　日本法においての問題点について

(1)　一七六条に依るならば当事者間の契約により、所有権が移転する。即ち、ここにおいては、意思自治が貫徹されるが、所有権の移転時期は、契約成立時と登記時に依って、つまり、これが、同時に為されて、第三者に明示されて取引の安全が図られ、法律関係が早期に確定することが要請されると共に上記に指摘したところの矛盾を回避しうることと考える。これがドイツでは行われているのである。

一方、善意、無過失で、その外観を信頼した者を保護する外観理論は善意悪意を峻別しない一七七条と矛盾するのであるが、ここに於いても、この問題は、ドイツ法上、矛盾しないものと考える。すなわち、不動産物権変動については、物権的合意（物権の移転、設定等）と登記により行われるべきであろう。

私見では、債権的合意（債権契約）は物権的合意（物権契約）の原因であり、債権契約は債権的権利・義務を生ずるにすぎず、これに依って物権の変動を生ずるものではない。更に登記を要すると考える。物権の得喪・変更には別個に物権契約を要する。また、動産の物権変動は物権的合意（Einigung）と占有の引渡し（Uebergabe）とにより、行われる[9]。従って一七六条の意思主義は債権的合意と解するべきである。これに依り、当事者間の物権変動と対第三者への対抗要件は統一的に解釈され、登記に実体が伴う事に依って、公信力を認めることともなろう。従って、ドイツ民法の継受を行うべきであり、物権と債権を区別しないフランス民法の継受はパンデクテンシステム上は、採用し得ないものと解される。

意思表示は物権行為（登記の移転等）の為、不可欠な要素であり、効力発生要件とするべきである。他方、登記は契約の効力発生要件であり、かつ、対抗要件でもある[10]。これが、民法一七六条、一七七条の素直な解釈であろう。こうであるとするならば、契約は意思表示と登記によって、効力が生じるとするドイツ民法の考え方もここに於いて採用可能であり、妥当するものと言えよう。このように解すると取消と登記、解除と登記、相続と登記についても、登記を具備しなければ、対抗できないものと考える。全て登記制度に遵う。

私見ではまず、当事者間においても登記を移転しない、という法律関係の不安定、不明瞭な時間を作出すべきでなく、第二に、登記に依る公示を実体を反映させ、かつ徹底すべきであることから、登記制度の利用を促進すべきものであると考える。従って、登記移転請求が為し得る者が登記に依って第三者にも対抗し得、決着をつけ得るためにも、当事者間においても、登記時に所有権の移転時期、物権変動の時期を定めるべきである、と解する。このことは、当事者間では、同時履行の抗弁を認め、また、契約の均衡からも、契約時と一致させることが重要であり、契約時に登記も移転させることが要請されるものと考える。

(2)　また二重譲渡については、そもそも登記が契約時に行われ、物権変動が為されるのであるから、そもそも問題は生じないこととなる。即ち、ここでは、登記の無いことを良いことに、二重譲渡が可能とならない様、法制度を構成すべきなのであって、意思表示と伴って、登記がなされることが要請されるのであり、当事者間の移転時期と対第三者との移転時期とは一致して、同時に為されるべきである。この両者の法律関係を一致させ、同様に扱うことが重要である。私見はこの点に於いて、ドイツ民法の法構造に賛成したい。此の事により、取引の安全が図られ、法律関係の明確化が行われ、また、登記の具備が促進されることとなろう。そして、登記の存在が、確定的とされるので、公信力を認めることともなる。このことは日本民法上、好ましいことであろう。

(3)　このドイツ的な法構造に更に、付言すれば、登記移転の債務が未履行の時点に於いて、所有権の移転を認めることは、実体が伴っておらず、妥当ではない。対抗要件を具備しなければ第三者に対抗できないのであるから、対抗要件を移転する時点において、同時に給付を要請し、当事者間に於いても所有権の移転を認めることが適切である。即ち仏法のように当事者間と第三者間を分ける要請はない。効力発生時と対抗要件時を同一にすべきである。従って所有権移転等の物権変動に関しては、債権的行為と物権的行為双方が同時に行われなければならない。相手方の履行の提供がなければ、他方の給付の効力も無い、とすることが、契約責任の構造からも妥当である。従って、第三者への対抗要件が具備されなければ、当事者間に於いても、物権変動は生じない、とすることが、妥当である。対第三者への対抗問題と当事者間に於いての給付の均衡が同時に為されることは、契約の履行責任の観点からも公平である。

(4)　さらに、公信力の問題が重要である。ここで善意（無過失）の第三者保護法理（外観法理）は、第三者意思表示の後からの変更を許し、認められない。契約の成立、不成立は契約時に確認され、後からの変更はない。従って、第三者は削除されるべきである。民法九四条Ⅱ項の類推解釈も無用な類推解釈である。今後は登記制度はWeb上で、公示され、公信力を有するものとなろう。これは債権譲渡とパラレルに考えられる。物件と債権を統一して考えられよう。そして登記は契約成立の要件とされるべきであろう。二〇〇四年の不動産登記法の改正により、申請情報の制度及び、登記識別情報制度が採用され、若干登記制度が整備されている。登記制度が利用しやすい制度として、活用されることを期待したい。

六　日本の学説の変遷

(1)　古くは、物権行為独自性否定説（かつての通説である。物権変動の原因としての契約成立のための意思表示があればそれで足り、それとは別個に物権変動の為の意思表示は不要である、とする見解）、肯定説などの対立が議論された。また、立法主義の対立として、影響を受けた、意思主義、形式主義、対抗要件主義について、その整合的な解釈も行われた。ここでは、所有権の移転時期についての学説を概観したい。

まず、第一に、末川説（物権行為時説）に依るならば、物権行為独自性肯定説の立場から、代金支払、登記、引渡し等外部的徴表を伴う行為によって所有権は移転する、との見解が主張された(11)。取引の実際上の考慮からである。すなわち、我が国の取引では、所有権は当事者間の意思表示だけでは、移転せず、様々な外部的徴表があった場合に、所有権は移転する、と考えられており、このいずれかの時期に移転する、と考えられるものとされる。しかし、いつの時点か、の回答としては、不十分であろう。

第二に、川島説に依って、有償契約の牽連性から、対価たる代金支払時に所有権が移転する、との見解が現れた(12)。

この見解は例えば、代金支払いがあるまで所有権は移転しないとするのが原則であり、双務契約上、対価の支払い時即ち、代金の支払時に移転がなされるものとする。この説も日本の実務に馴染む考え方であろう。しかし、その後、引渡をなすべき時点、すなわち、代金支払時または登記時に改説された。なお、この説は物権行為の独自性を否定する立場からも賛同されている。

第三に、所有権移転時期を画することを諦め、実益も無い、とする、なし崩し説（確定不要説）が主張された。これは、所有権の各種の権能が契約時から、徐々に移行する、とし、ある時点での特定を放棄する見解である[13]。

しかし、やはり、移転時期がいつか、につき回答がなされるべきであろう。私見によれば、契約時、すなわち登記時に、所有権は移転するものと解する。

七　日本の判例の見解

(1)　所有権移転時期についての判例理論について、判例は、大審院時代以来、一貫している。すなわち、所有権は契約成立と同時に移転することとされてきた[14]。

しかし、判例理論に対しては学説上、批判のあるところである。

まず第一に買主は代金未払のうちに、所有権に基づく引渡請求権や登記請求権を行使することとなり、これに対して、売主に同時履行の抗弁権を主張できるか、という問題がある。これは、代金支払と登記の時期が対価関係にありながら、食い違う為に生じる問題であり、私見によれば、このような問題は生じない。

第二に、代金債権が時効消滅した後に、買主が物権的請求権として、一方的に登記引渡請求権を行使でき、この点不合理である、とした批判のあるところである[15]。

(2)　しかしながら、私見によれば、この点については、給付の均衡という観点から、民法一条二項により、信義則によって、登記引渡請求権の権利行使を認めない、あるいは、民法一条三項の権利濫用にあたり、行使を認めない、との解決が、可能であると思われる。一般論としては、契約責任上、当該権利行使を認めることが、妥当か否か、また、給付のバランス上、公平か否か、といった観点から、総合考慮するべきことと考える。所有権移転の時期に依って様々な所有権の権利性が生じることは確かであり、様々な主張が公平の観点から、権利行使を許容してゆくべきである、と考える。

八　結　語

登記は、公示及び物的帰属の優先関係を決定する機能を持つ。登記を仏法は対抗要件、独法は成立要件かつ対抗要件とする点に、二国間の伝統的な相違がある。また、この相違点は公信力、二重譲渡につき問題とされる。

所有権の移転時期について、日本は独自の法解釈を展開してきた。華やかな議論が為されてきた。当初の筆者の問題意識は、なんとか一七六条と一七七条の整合的な解釈を提示することであった。しかし、公信力の問題から、対抗要件の問題を後退させ、善意・無過失の第三者を保護すべき問題として捉えることが、より重要である、との認識から、問題の集約を行い、このたどり着いたことが、立法者意思の歴史的解釈とともに、ドイツ法の解決であった。法的な至上命題とし、取引の安全を最もかつシンプルに行うことが、このドイツ的な発想であった。このことは、登記に関わる問題（相続、解除、取消等）についても解決可能であり、最も適切な法政策である、と思われる。法律関係の安定を率直に保護しうる法技術であり、今後日本民法の行くべき姿を物語っていると言えよう。今後の課題としたい。

（1） BGB §873 1) Erwerb durch Einigung und Eintragung zur Uebertragung des Eigentums an einem Gurundstueck, zur Belastung eines Grundstuecks mit einem Recht sowie zur Uebertragung oder Belastung eines solchen Rechts ist die Einigung des Berechtigten und des anderen Teils ueber den Eintritten der Rechtstenderung und die Eintragung der Rechtstaenderung in das Grundbuch erforderlich, sowie nicht das Gesetz ein anderes vorschreibt.

（2） 法典調査会の現行法一七七条の審議をすこし長くなるが、口語訳しておく。

第一七八条　不動産に関する物権の得喪および変更は登記法の規定に従い登記を為すにあらざれば、これをもって第三者に対抗することを得ず。

穂積陳重君　本条及び次の箇条はいわば、前条すなわち第一七七条の但書とでも申すべきものであります。で、固より物権というものは、合意で移転することが出来る。合意で設定することができる。物権というものは一般に対して効力を生ずべき権利でありますからして私共は合意で設定移転することができる、と言えば、既にその物権というものは全く生きていると、こう第一に思うのであります。併しながら此の原則の方は理論上または実際便利上原則を用いましたが、併しこれを絶対的に用いると、あるいはその為に、取引上非常な弊害を生ずるようなことがありますから、本条ならびに次の条の規定がこれとともに入用になってくるのであります。勿論不動産に関する物権はすべて得喪および変更移転は変更にも得喪にも両方にも知れぬ。それは登記法すなわち特別法になりますところの登記法でかくのごとき物権は必ず規定しなければならぬ。斯くのごとき物権は規定することを得るとか、また、斯くのごとき手続で登記したるとか種々の規定が必ず出来るでありましょう。其の規定をここで見まして、登記法の規定に従い、登記を為すにあらざれば、これをもって第三者に対抗することができない。登記法六条には、登記をしない時には法律上第三者に効力がない、という風に書いであります。私共はこの主義を採らない。第三者に対しては、効果なしではない。もちろん、物権が移転致しますれば一般に対して効果があるのであります。問題がありました時に第三者に対してそれを主張し、それを以て第三者という者に不利益をあたえることはできないという方の、同じ結果になりますが、併しながらこれを対抗することができたという方の主義を採用したのであります。第二に本条はドイツその他多くの国の主義に依っていますが不動産に関する物権殊に所有権のごときは、登記がすなわち所有権移転の方法である不動産については登記動産については引渡しという主義は採らないで、不動産の登記は公益に基づく公示法であるが為に権利は移転することができるが、これを対抗することはできない、すなわち、公示法の主義を第三者の為におもに採ったのであります。既に公示法でありまする以上は必ずここに質問がでようと思いますから、説明の中に付け加えておきますが、吾々は絶対的なものである、絶対的なものでなければ、公示法の効果を奏することはできないと考えまするが故に単に「第三者に対抗することを得ず。」と書きくだしたのであります。第三者の善意とか悪意とかいう形容詞を付けなかった訳であります。ここらが、幾らか既成法典（筆者：ボアソナード草案）とは趣を異にして居る点であります。またこの公益に基づいた公示法でありまする以上は既に諸国の法典に於いて多く起こりました所の問題、或る権利は登記しなければならぬか、または登記することを要せぬかという風の問題が必ず出て来るでありましょう。その問題は登記法に譲ることもできます。本条の規定によると、不動産に関する物権というものはことごとく登記しなければ絶対的に効力は生じない。それゆえに、もし、他に規定ができなかったならば遺贈などの場合においても物権というものは登記をしなければならない。あるいは相続もこれらの問題が随分諸国にあることでありましょうが、やはり相続だけは登記しなければならないということでありますればやはり、本条が当たるのであろう。そこは随分各種の問題を調べてみまして、絶対的に斯くの如き規定を設けたのであります。

横田国臣君　一寸質問しますが、これは、大変に難しい所であります。それで、双方の意思で移るということだけは、決まった。そうすると、ここに「登記法の規定に従い登記をなすにあらざれば、これをもって第三者に対抗することを得ず」とありますが、例えば、約束をしてこの不動産を売却するという場合、そうすると移っているものは、第三者に対抗することができないとすると、その権利は、論理からいうと、何に依って消えるのでございましょうか。向こうの人から私が田地を購入したなら、この権利は移っている。しこうするといったん移ったものというならば、必ず第三者に対抗することが出来ぬから、第三者に渡すのは、私から向こうに渡すことになりますが、そこの議論はどのようになりますでしょうか。

穂積陳重君　こういう考えなのであります。物権というものは、その権利の性質上、誰に対しても効力がある。それで、もしも反対の主義を採って登記に依って移る、とこう致しました以上、登記前にその権利を前から侵害された時においても他の人がたとえその人の権利でないから、といって、侵害することが出来るのは当然のことになるのであります。これが、第三者に対抗することが出来ない方でありますから、その人の権利でないから侵害しても宜しいということは出来ないという方になろうと思います。理論上こういうところは違うと思います。登記に依って移るということと、併しながら本条の主としているところと前に譲渡があってそれからまた、後に譲渡行為を為す前後二者の譲渡の行為が抵触する時におもにこの箇条が実際上必要になるのであろう、と思います。その場合においては、初めから、第三者に対抗することを得ると、得ないとの権利で理論というものはどちらに決めても格別、実際の結果は違わないのであります。

横田国臣君　少し私の御尋ね申した点とかっきりゆかないようでありますが、私の御尋ね致すのは、どうもそれでは何と言って宜しゅうございましょうか、日本で言えば法理上の理論というものが、合わないように思います。既に契約をして、私に移ったものならば、私の物になっている。そうすれば、登記しなければ、対抗することが出来ない、というならば、私から、向こうにやらなければならぬ。なぜかというと、もはや譲渡した権利は元来効力がある。それで、それがおかしくなりはしないのか、ということを申し上げたのであります。そこで理論をどんな風に御論じになっているのですか。

穂積陳重君　なるほど、登記というもののあるまでは、第三者に対抗することが出来ないということ、物を売却する場合にその売り手がどうなるのか、ということでありますが、私は誠に能く了解するのに苦しみますが。

横田国臣君　私の意味がよくお分かりになりませんか。

富井政章君　横田君の御話はこういう場合を御想定なさっているると思うのですが、甲が乙に物を売却し、未だ登記をしていない問にその甲が復た丙なる者に売却をした。こういう場合に、丙がさきに登記を具備すれば、丙が所有権を得る、どうしても、そういう場合には、丙が甲から所有権を得たということにならなければならぬ。こういうのであります。これは随分議論のある問題と思いますのでわたしは、その方の考えであります。結果が少しちがう。

横田国臣君　しこうすると、今度の登記がちがってきますね。何故かというと、去る妙な話で所有権のない奴が登記をして売却している。それでドイツ法は軽いようでありますが、一体そのような風に怠る者が悪い。それで登記というものでなければ、移転しない。

穂積陳重君　そうすると、それは、前条から、決めてゆかなくてはならない。

梅謙次郎君　その問題は前条で決まっている。

横田国臣君　前条で決まっているが、前条を取り除くこととなるので、不動産という字が……。

梅謙次郎君　そうすると次の条文（筆者：動産に関する物権の譲渡の対抗要件の現行法一七八条）もやはり何かそれに代わるものがなくては、権衡を得ません。引渡が、こういう効力を持つとかいうことにしないと……。

横田国臣君　次の条文にはまだ移らないが、ただ、約束だけでは移転しない。あなた方（筆者：立法者のこと）はそう御考えになったのだと思います。第一七七条は原則であるが、併しながら一七八条一七九条は別段に例外をおいたのであろうと思います。

梅謙次郎君　多少の例外をおいたのであります。

横田国臣君　それだから私はこの動産について売りましょうといった時は移らぬ。動産を持って往かなければならない。

梅謙次郎君　「第三者ニ対抗スルコトヲ得ス」と言うのであります。

横田国臣君　それだから違う話である。

梅謙次郎君　もし、そうであれば、一七七条を書き替えなければならない。

横田国臣君　一七七条は別段の場合がある。

土方寧君　本条に「得喪及び変更」とありますが、前条の文例と少し釣合が悪いように思いますが、如何ですか。

穂積陳重君　変更という字を入れたのは権利を一つ、全体所有権なら所有権というものだけを登記を致して或通常支分権と申しますものを他人に譲渡すこと即ち設定するような風の場合であります。元の権利から言うと変更であります。例えば、地役というものが、登記することになれば、地役或は通常抵当の如きものそうゆう風なものは、もと、登記をしておいた権利に幾らか変更を生じるのであるから、ここでは、ことさらに変更という字をいれたのであります。

土方寧君　今の御説明では、いっこうに区別はされないと思います。併しながら、私の考えでは、一体、前の「設定」の中に「変更」も含むということは、無理と思いますが、前条に無くてここにあるのは宜しくないと思います。

梅謙次郎君　私の先刻の答弁がいくらか質問を受けるようになっているようでありますから、ちょっと弁明しておきます。これは、前条といくらか権衡を得ないということは認めております。これは一旦削ろうかという考えを起こしてもみたのであります。ところが、何故ここへ変更ということを加えたかというならば、第一に、第三者に対抗することが出来る、出来たということは、非常に其の効果につき疑いが起こる。もしこれが「得喪」に入らないというようなことになっては困る。併しながら前のは疑いの起こることではない。設定さえも出来るから変更も出来る。この中に入らないということはない。理屈上これまで入っておりますから、前のは、特に書く必要はないが、ここは、特に書いておかないと誤解を来たす恐れがある、というので、釣り合いが合わないということは承知していながら特に普いたのであります。

土方寧君　分かりました。

高木豊三君　私は一七八条の原則でありますが、すなわち、前条でいかにも決まっておりますが、私共はやはり、ドイツに多言する（かたる）ということであるか、知らぬが、どちらが宜しかろうかというと、むしろ、登記法というものを完全に設ける以上は、移転を成立の条件としたいと思います。その感覚は、実際上フランス主義日本の今日迄の主義では、種々の争いを生じているが為に、実際その必要を感じまするので、その方が宜しいと思うのでありますが、しかし、これはよほど起草者にも御考えになったことでもありましょうし、これまでの傾き（事のなりゆき）日本では急激の変更もできないであろうと思って実は御尋ねしなかったのであります。ただいまの横田君の御説でもし、そういう工合であれば、前条から替えなければならない、とかいう御話でありますが、定めて是は是非こうでなければならない、という御熟考の上の理屈があろうと思いますが、それを一つ心得までに御説明を承っておきたい、と思います。

穂積陳重君　大変な大きな問題でありますが、もとよりこういう大きな問題でありますから、私共の間にかれこれ議論はしなかったのでありますが、併しながらこの登記法を物権移転の原因にするとか、物権移転の方法にするとかいうのは宜しくないということだけは、予め私共も思っておりましたし、もう初めから、採らないという吾々の相談になっていたのであります。それは、この登記法というものは、とにかく御述べになったとおり、どういうものができるか、今のままでは、まだ不完全であるし、今のところでは、不動産に関する物権はことごとく登記しなければならない、ということにもなって居りません。土地などに関しては、随分重い問題でありましょうが、併しながらこの登記というものを必ずその方法にしなければならない、と言いますと、今日日本一般の慣習上実際の取引上その方が都合が宜しいか悪いかは、甚だ疑わしい。御承知の通り、既に前には土地だけに関しては、丁度登記法と同様の方法を以て或る公の手続を以って移転するという主義が行われていた。その主義はどうも、不都合が多いというので、それゆえに明治一九年に登記法で登記というものは、公にことに改正せられたものであります。私共は、どうも、なるべく人民の取引というものを容易にして、それと同時に取引の間違わないようにする方法を採る方が宜しかろうと思いまして、この事については、吾々の間でも格別議論なしに三人とも同意で此の方を採ったのであります。

長谷川喬君　私は前条に於いては変更という字がなくても分かる。本条では変更という字がなくては疑いがある、ということは、すこぶる解しがたいところでありますが、しかし私の考えでは前条に変更という字を入れる考えであったから、ここで変更を削るということは、つまり愚痴をいうのに過ぎませんから、ここは、宜しゅうございますが、次にある所の「登記法ノ規定ニ従イ」

というという事を此処に掲げる必要がありましょうか。いずれ登記を為すについては、登記法の規定に従うということは当然のことであろうと思いますから、ことさらにこれを掲げる必要はないと思います。かつ、先例を見ると第四七条に於いては「登記を受けるにあらざれば、他人にその効果なし」とあって、「登記法の規定に従い」ということは掲げておりません。それにことさらにここに御掲げになったのはどういうわけでありますか。

穂積陳重君　ごもっともな御質問でありますが、ここは、ことさらに吾々が考えていたのであります。少しでも往けない字があると直ぐ削られるからなるべく「善意なると悪意あるとを問わず」とか「特別の場合を除くほか」とかいうような風の字は初めから除いて提出するのであります。「登記法の規定に従い登記を為す」、これも必ずこういう風な御質問が出ると思いましたが、ことさらにここに置いたのは、登記法が特別法になって不動産に関する物権というものはことごとく登記すべきものであるか否やということについては、疑いがあります。登記法であるいは物権に関する不動産は登記しないものが出来るかも知れない。第一に私共が疑いを有しているのは、占有権のことであります。占有権は登記すべきものであるか、登記すべからざるものであるか、という一つの疑いがあります。そういうわけでありますから、不動産に関する物権というものは、ことごとく、登記しなければ、なんでもかんでも、第三者に対抗することが出来ないというような絶対の規定にしないで、他に何か定めるものがあるということをここに、謳った方が明らかであろうと思います。これは、必ず疑いが出ると思いましたから、置いたのであります。

箕作麟祥君　私もただいま長谷川君の言われたような疑いがありますが、起草委員の御説明によると、この「登記法の規定に従い」ということの必要なのは、かの占有権のようなものがあるから、「登記法の規定に従い」ということを削ってしまうとなんでも登記しなければならないというようになるから、と言うので、それが、御趣意に過ぎぬようでありましたが、しかし、その反対のことが、ありはしませんか。御説明によると登記しなくても宜しいというものが、出来るかもしれない、ということでありますが、どんな完全な登記法でも後にまたどういう物権が出来るというようなことがあって、登記法に漏れたものがあったら、どうでございましょうか。他の法律で此の不動産は登記をしろというようなことでもあって、かえって反対のものが、出来るというようなことがありはしますまいか。

穂積陳重君　勿論登記法が行われて或る権利は登記を要すると書いておけば、本条も行われようと思いますが、しかし、今のような疑いが出る恐れがないではない。

箕作麟祥君　「刑法の規定に従い」と言うと、刑法の一条から三〇〇条までとか、五〇〇条までとか、言う事であって、外に罰則があっても其の罰則に従うということは出来ないという恐れはないか、というのであります。

梅謙次郎君　一番困るのは、直り次に占有権というものがありますが、私共の考えでは占有権は、占有権の性質から、登記すべきものではない、と思います。ところが、何も無いと占有権も登記すべきものと見られて仕舞う。

箕作麟祥君　これも、やはり「格別の定めある場合を除くほか」と言うようなことにしては往けませんか。

富井政章君　黙っているのは、別段の定め、でしょう。

箕作麟祥君　「登記法その他の規定に従い」ならば、私の意思が通る。

土方寧君　今この「登記法の規定に従い」ということについては、あるいは、これがないと、総ての物権は登記しなければならない、というような解釈が出る。また、一方から見るとほかの法律で登記しないでも宜しいというようなことでもあると、往けないではないかというような御話もありましたが、しかしながら、登記法というものは特別法にするということに予め決まっているから、必ず改正せらるると思いますが、そうすると、どうしても登記法というものは他日完全にしたものが出来るという考えでやるべきものであるから、この民法を起草するには譲っておく。そうすると決して心配は要らない。もとより、吾々は登記法というものは、他日、完全なものが出来るという目的で民法の規定を書くのである。それで此の「登記法の規定に従い」ということは、なくても当然のことであろうと思います。

横田国臣君　「法律に従い」と言えば分かる。

議長（西園寺侯）　その法律というのはなんであるかと言えば、未来の登記法ということになろう。

梅謙次郎君　もし、改めるならば、「特別の規定ある場合を除く外」とかいう方が宜しかろうと思う。

箕作麟祥君　そうすると、今の黙っているような場合がある。

梅謙次郎君　黙っているのもやはり特別の規定ですからな。それに留置権などは登記しないかも知れない。

村田保君　どうか採決を願います。
議長（西園寺侯）　修正説は成り立って居りますか。
村田保君　別に成り立っては居りません。
議長（西園寺侯）　それでは本条確定として次に移ります。

（3）梅謙次郎『民法要議・巻之二・物権編』七頁以下。そこでは、第一七七条の比較法的考察が秀逸である。第一に、登記を権利の得喪、変更の絶対の条件とし、当事者間に於いても登記あるまでは権利の得喪、変更なきものとする見解。第二に、登記を以って一つの公示方法にすぎないものとし、登記があれば、第三者がこれを知るものと推定し、登記なければ、これを知らざるものと推定し、なお反証を許す見解。第三として、同じく登記を公示方法と認め第三者の善意、悪意を問わず、登記があれば何人といえどもこれを知らずといえず、登記がなければ何人もこれを知らざるものと看做し畢竟第三者に対しては登記の有無に因りて権利確定すべきものとする見解がある、とする。

（4）ドイツでは建物が堅固であることから、土地と建物は取引上一体として扱われる。

（5）BGB §925 Auflassung (1) Die zur Uebertragung des Eigentums an einem Gundstueck nach §873 erforderliche Einigung des Verausserers und des Erwerbers (Auflassung) muss bei gleichzeitiger Anwesenheit bei der Teile vor einerzustaendigen Stelle erklaert werden. Zur Entgegenname der Auflassung ist, unbeschadet der Zustaendigkeit weiterer Stellen, jeder Notar zustaendig. Eine Auflassung kann auch in einem gerichtlichen Vergleich oder in einem rechtkraeftig bestaetigten Insolvenzplan erkaert werden.

（6）『新版注釈民法⑹』（山本進一執筆）二三七頁。
（7）この条文は二〇〇六年に改正された。
（8）『新版注釈民法⑹』（山本進一執筆）二三八頁。
（9）山田晟『ドイツ法概論第〔三版〕』一九七頁。
（10）今日では登記は資格保護要件としての作用を併せ持つものとされる。
（11）末川博『契約総論』二四〇頁。
（12）川島武宜『所有権法の理論』二四八頁以下。
（13）鈴木禄弥『契約法大系』九八頁以下。
（14）大審院判決大正二年一〇月二五日民録八五七頁、大審院判決大正七年一二月二五日新聞一五二二号一七頁、大審院判決大正一〇年六月九日民録二七輯一一二二頁等。
（15）『民法判例百選Ⅰ総則・物権〔第五版〕』滝澤執筆一〇六頁。

〔参考文献〕
川島武宜『所有権法の理論』昭和二四年　岩波書店
大村敦志『基本民法』平成二一年　有斐閣
近江幸治『民法講義　物権法〔第三版〕』二〇〇七年　成文堂
内田貴『民法Ⅰ〔第三版〕』二〇〇七年　東京大学出版会
梅謙次郎『民法要義　巻之二物権編　訂正増補』有斐閣

4 新しい判決の効力

4　新しい判決の効力

THE NEW TYPE OF THE SUIT AND THE EFFECT OF THE JUDGEMENT

My insist is about the new type of the judgement. Some civil judgement has the effect to the third person who has the lawful interest with the former suit, in case of the guarantee, the person who borrows the house at second hand, and so on.

And for that the reason in the former judgement has the effect to the third person who has the interest with the suit.

The third person is bound by the former judgement. But in the latter suit, he or she can insist his or her own refutations.

By this theory, the actual civil relations are solved consistently among the people who have the interest in the case. And more, the court provides the civil due process for the third person. I call this new type as derivative suit, derivative judgement.

キーワード：判決理由中の判断、実体法上の統一的紛争解決、利害関係ある第三者、新しい訴訟類型、派生的訴訟、派生的判決

一 序章

(1) 問題の所在

消費者訴訟などのいわゆる現代型訴訟[1]においては、全ての被害者を同時に訴訟原告とすることは不可能かつ困難である。第一次原告団が重視されるべきであるが、ここに参加しなかった、あるいは、できなかった利害関係者も存在しうる。そこで、このような集団的訴訟[2]を個別の被害者のため、いかにして対処するのかという法技術が本稿のテーマである。

すなわち潜在的な共同訴訟（後に第三者が当該紛争に利害を持つ場合の前訴）において法的に利害関係を有する第三者の後訴である個別訴訟を認め統一的な紛争解決を図るというものである。これは、同時に審理されるならば、類似共同訴訟となるであろう。

この場合もちろん、第一次訴訟では、でき得る限り多数の原告団を構成するべきことを前提としている。当事者以外の利害関係ある者にもその後の個別訴訟を認め、前訴判決効を援用しうる、として統一的紛争解決を目指すのが私見である。また、私見は既判力に加え、前訴の判決理由中の判断にも判決効を認めることを肯定する。ここで結論的にいうならば、前訴に実体法上法的に利害関係をもつ第三者は、前訴の理由中の判断に拘束され、手続保障は後訴で自己の固有の抗弁及び新事実を主張できる、とする。これは部分的に対世効を認める判決の効力であり、第四の訴訟類型である。この第四の訴訟類型（前訴に関することから派生的訴訟と呼んでおく）では、給付訴訟の特殊な形態であり、実体法上統一的紛争解決が不可欠な場合である。この要請から実体関係を把握する判決理由中の判断にも拘束力を認め、法的に利害関係を有する第三者に前訴判決の画一的解決を目指し、拘束力を認め、法的解決を一貫させる目的を有する。私見は同一の実体関係の紛争解決を目指すものであるが、これは、そうであるならば、判決理由中の判断に直裁に判決の効力を認めるべきであり、そのような理論としての争点効等を実体法の観点から一歩前進させた理論である、といえる。即ち、同一の実体関係に第三者も利害関係を有する場合、第三者は判決理由中の判断について何らかの法的規律に服すべきであり、ここでは、その判決効が及ぶものと考えられよう。また、反射効など実体関係を重視する見解も判決効で決着を付けるものであり、なおかつこのようないわば制限的対世効を肯定するならば、これは給付訴訟の派生的な新しい紛争類型と認識されるべきであろう。因みに争点効論は、判決理由の争点に客観的範囲につき拘束力を認めるのに、私見は、法的に利害を有する第三者に前訴判決理由が後訴に対して主観的範囲に於いて拘束力を認めるものである。

また私見は類似共同訴訟のケースの個別的・異時的解決方法であり、想定している事例は公害訴訟、消費者訴訟、製造物責任、証券詐欺等で、前訴（第一次原告団）に当事者とされなかった者あるいは実体関係上の第三者、即ち、異時的・潜在的な類似共同訴訟であるケース、即ち、反射効（保証、転借人）、詐害行為取消権、債権者代位権、形成権、口頭弁論終結後の承継人、目的物の所持人、法人格否認の法理、一部請求、筆界確定訴訟等々の実体法上の統一的紛争解決を目指すケースを想定している。また、独立当事者参加の一部の上訴につき、実体法上の利害関係を有する者に争点ごと主要事実ごとに拘束力を認める（参照。拙稿「判決理由と判断効――独立当事者参加の一部の者の上訴を例として――」城西現代政策研究第三巻第一号）。

本来、類似共同訴訟は実体法上共同訴訟とすべき要請に基づくべきものであり、その判決効は実体法上の観点から探求さるべきである。そして、また、ここでは新たな判決効が準備さるべきであると考える。また、私見は、共同訴訟の基本的枠組の中にとらわれず、判決効からの解決を考えるものであり、他方、集団訴訟との役割分担の一翼を担うものと考える。

(2) 問題の提起

後訴の審理の排除[3]を前訴の判決効がいかなる範囲で行うべきか、とりわけ法的に利害関係ある第三者との関係でいかに律するべきかがここでの題目である。利害関係ある第三者の登場する実体法上の事例（後訴が予想されるいわば潜在的共同訴訟）をここでは想定する。また判決効がいかにして実体法上の秩序維持[4]と関わるかも問題である。この場合、私見では、ある種の給付判決は、執行力に加え、前訴判決は確定力（給付判決が確認判決をも含むことから）と制限的形成力を有しこの確定力と制限的形成力が利害関係を有する第三者に及ぶものと考える。給付判決は、確認判決をも包含し、また、実体関係を形成することに依る。ここに第四の訴訟類型の存在理由が存する。あるドイツ人学者は、私見に対し、第三者への判決効の拡張か、第四の訴訟類型かのどちらかだ、と述べたが、私は、これには疑問を感じている。両者即ち第三者への判決効の拡張かつ第四の訴訟類型である。そもそも、訴訟類型は、各々判決効を独自に備えており、両者がセットになり、発見されてきたものである。私見は、特別な給付判決と利害関係ある制限的対世効を認める新しい訴訟類型であると考える。そして、実体関係を確定する判決理由中の判断に判決としての拘束力を認める。いわば、形成訴訟の対世効と給付判決の相対効の中間に私見の第四の判決効は位置付けることができよう。即ち給付を求める訴えであるが、相対効では解決が図り得ない法的状況について、相対効の例外として、存在し、利害関係ある第三者に判決効（既判力及び判決理由中の判断の判決効）を認める新しい判決効を有した第四の訴訟類型である。この訴訟は後訴に前訴の派生的な訴訟と呼ぶべき、拘束力を、判決効として、判決理由中に認めるものである。派生的訴訟においては、職権又は申立てにより前訴が、援用される。

また、私見では、判決理由中の判断の拘束力は、自白や争点等を含め、事実認定された全ての要件事実について生ずる。

二　判決効のあり方

(1)　現代型共同訴訟の判決効

私見では消費者訴訟、公害訴訟等の現代型訴訟と実体法上の統一的紛争解決についても問題になる。前者については不特定かつ多数の原告が当事者適格を有し一回の訴えでは全ての原告が把握されがたい特徴を有している。[5] 一次訴訟の原告とならなかったあるいは参加しえなかった場合、どのようにして訴訟を運営し、判決効を及ぼすか問題となる。ここではいかにして判決効を後訴に及ぼしうるかについて検討したい。

以前筆者は判決効が利害関係ある第三者に、判決理由中の判断についても及び得ることを提言した。[6] 本稿ではこの判決効を前提とし、主として現代型共同訴訟においていかにして応用可能であるか検討したい。すなわち、私見はとりわけ異時的な類似共同訴訟において利害関係ある第三者にも前訴の形成力及び確定力を認め統一的紛争解決を図るものである。対世効に近い、判決理由中の判断の拘束力である。この意味において新しい訴えの第四の訴訟類型[7]である。

私見は個別的な実体法の事例たとえば、口頭弁論終結後の承継人（一一五条Ⅰ項三号）、目的物の所持人（一五条Ⅰ項四号）、法人格否認の法理、一部請求、詐害行為取消権、債権者代位権、信義則による後訴への拘束力、反射効（保証、転貸借、共有物等）、これらに加え、筆界確定訴訟等（これらは潜在的共同訴訟というカテゴリーに含まれるが）、独立当事者参加の一部の者の上訴、これらと現代型共同訴訟（消費者訴訟、公害訴訟、薬害訴訟等）に適用可能である。この場合紛争の基礎が同じであることから後訴を認めるべきである。例としては消費者訴訟などで第一次的訴訟が行われた後にその前訴に参加しなかった利害関係ある第三者について前訴の判決理由中の判断に判決効を認めて個別に後訴を認めるのが私見である。[8] この場合、第三者は時的範囲以前の主張には制約があるが、前訴では、真実義務が果たされており、前訴の事実認定（判決理由中の判断）に拘束されてよい。即ち、この場合には、前訴の事実認定の判決効[9]に第三者及び裁判所は後訴において拘束され、職権により、または第三者が前訴を援用し得、また個別の主張（新主張、固有の抗弁）を行い得る。前訴の判決理由中の判断は確定力、執行力、制限的形成力を有し、これは私見によれば派生的訴え、派生的判決、派生的訴訟として第四の訴訟類型である。派生的とは、給付訴訟を原型とし、第三者が現われるその特別な場合ということから名付けている。民法では、二当事者間の事例を想定しており、第三者の登場する局面は、余り多くはない。

私見は、民事訴訟法における真実義務[10]や信義則（二条）また処分権主義に資するものであり、実体法上のトータルな一挙解決のためには不可避なことと思われる。

(2)　判決効の現代的要請

判決効の枠組みはこれらの様々な要請から、合理的に選択され得るものであり、大胆かつ柔軟な幅を有する概念である。ここでは当事者主義[11]のファクターすなわち審判権の対象の特定の選択ないし自由度と、手続保障に対応した個別訴訟の判決効のファクターが利益調整されつつ、決定されて行くべきであろう。(12) 後者はとりわけ、個別の争点ごとの判断の効力にウエイトを有し、また前者はとりわけ紛争解決の柔軟性ないし自由度を当事者主義的観点から目指すこととなろう。また、このことは、ひいては当事者の裁判制度の利用(13)の選択や自由度を認めて、より幅広い裁判制度の活用を促し、紛争解決の実効性を高めるものとなろう。すなわち実体法上の個別の権利保護を図りつつ実体法上の私法秩序の維持(14)や実体法上の抜本的な解決を図り、また紛争の法的解決やより良い、より質の高い法的安定性を目指すこととなるものと思われる。

法的に利害関係を有する第三者は、同一紛争の前訴判決に服するべきであろう。矛盾主張の禁止、信義則に基づく判決効論からは、参加しなかった場合、新主張と固有の抗弁しか認められなかった。しかし、前訴の訴訟追行の結果を援用することこそ、統一的解決、実体的真実の発見がなされることとなる。このような強い拘束力をこの立場から肯定してもよい。この考えは裁判の目的にもかなうものである。他方で前訴判決は利害関係ある第三者にとっても利用しうる法的資料であり、後訴に前訴の法的事実の確定力および法律関係の形成のため、制限的形成力が後訴に及ぶものと考えられる。

訴訟では、本来的に一回のみの給付等の判決では、実体法上あるいは真実発見の観点から、妥当でない場合、前訴判決の拘束力のもとにおいて後訴が認められる場合が存する。

現代型の共同訴訟（ここでは原告を全て把握し一回的な原告団を構成することは困難である。また保証で云うと債務者、債権者、保証人が一回的には必ずしも訴訟をするわけではない。このような共同訴訟は潜在的共同訴訟と呼ぶことができよう）などにおいては同一の法的紛争に於いて、いわば同一の法的効果すなわち損害賠償の請求等を眼目とする場合が多い。ここにおいては、一回的紛争を以てして終局的であるとは考えがたい。即ち、後日後続の紛争が想定されうるのであり、それら後訴と第一次訴訟との関係を判決効上どう考えるかが課題となる。

ここでは実体法上の請求権をいかに訴訟法上反映させるかが問われる。[16] 一言で言うならば、参加を除いてそれは審理の一体化ではなく、訴訟の個別化、個々の当事者の主体性[17]の重視である。そのために後訴が認められるが、ここに於いては、法的効果の統一や個々の主張が問題とされ、また、個別の実体法上の関連が重視されるべきである。

前訴の事実認定により、判決効の範囲が認められ[18]、これは前訴判決として、後訴で援用される。前訴判決では第三者の存在を予想し、紛争の終結に重要な法的事実を判決理由中の判断の中で確定しておき、後訴当事者及び後訴裁判所の審理のために対応すべきである。前訴が後訴で当事者に援用された場合、後訴裁判所は職権で前訴の事実認定資料を自ら調査できる。後訴裁判所は前訴判断に拘束される。このためには前訴裁判所と後訴裁判所の裁判所間の協力及び連携が要請される。

私見がこのように考えるのは、第三者の手続保障を図るためである。私見の判決効は現に審理された法的事実に対して遮断効が及ぶとする判断効である。[19]ここでは利害関係を有する者には手続保障が図られるべきであろう。

第三者にも手続保障が要求される理由としては、利害関係を前訴に対して有する場合、裁判を受ける権利（憲法三二条）が当然予想されるのであり、その内容としては、公開の対審（憲法八二条）、即ち通常の後訴が考えられるのであり、これが民事訴訟上制度として設営されるべきである。[20]

即ち、前訴での判決効を統一的紛争解決の観点から及ぼしつつ、さらに、新主張や固有の抗弁について後訴で実体法上、法的に利害関係ある第三者に主張が認められる。他方前訴判決の因果関係や違法性などは後訴で援用される。このことにより実体法上の利害に対応した紛争解決が可能であり、さらに当事者権及び手続保障にかない、紛争解決の公正さにも資する。このようにして、実体法上の権利の実現が民事訴訟法上図られることとなる。ここで第三者とは実体法上法的に利害関係を有する者である。この第三者は前訴の判決理由中の判断に法的に利害を有するものである。[21] このことにより、判決効により、第三者の権利を保護することができよう。また、実体的な真実発見に適うこととなる。

具体例として、登記を有する前訴当事者（勝訴者）に対して善意の第三者が所有権を対抗しうるかは、このことが後訴の当事者間で自己に固有の抗弁として争われるべきである。二重譲受人あるいは、善意の第三者などは前訴での所有権の移転の事実等を援用することができるのであって、これは実体的真実の追究に資するものである。すなわち、登記の不存在や移転の事実については第三者が請求において前訴を援用できるとともに、固有の抗弁および新主張を為すことができる。すなわち実体関係を後訴提起によって訴訟に反映させることができる。[22]

後訴で利害関係ある第三者に主張させることは、元来、手続保障として従来から考慮されてきた点でもある。手法としては、第一にはとりわけ形成訴訟などで当事者適格を限定することである（たとえば民法七四四条、七七五条）。この手法は最も充実した訴訟遂行をとりわけ利害を有する当事者に期待する点から望ましい。信義則（二条）にのっとった訴訟遂行が期待されるからである。第二の手法としては訴訟継続中の訴訟参加を認め、利害関係ある者にできうる限り共同訴訟とする手法である。利害関係ある第三者が行う補助参加などはこの目的をも加味したものと考えられる。第三の手法として訴訟告知がある。これは実質的に手続保障があったとはいえない。

私見は手続上の地位を保障した上で判決効を及ぼすものとして、憲法上の裁判を受ける権利を実質化したものと言えよう。

私見の判決効論では実体法上の保護、私法秩序維持の要請とともに他方では、現代型共同訴訟においての当事者の訴訟制度の利用しやすさを高めるための法技術として意義が存する。このような私見は実体法上の理論と私法秩序維持や法的紛争解決説(23)という訴訟制度の目的論を調和させる適合的な意義を有し判決効の及ぼす方法により共同訴訟論の再構成を目指すものである。この制度論は訴訟の合理性や共同訴訟理論の中から導かれるものであり内在的かつ解釈上の要請といえる。また実体法と判決効理論とを実効性あるものとして再編成を行ったものといえる。

三　判決の相対効

(1)　判決における拘束力

なお、私見は判決の相対効の例外を認める。相対効の原則は、伝統的な訴訟では妥当な解決を為しえた。給付訴訟で執行の相手方のみを想定していたからである。しかし、実体法上のある種の訴訟や身分関係、団体関係等では個別的解決を図ったのでは、個々の解決のみ実現し、利害関係ある者の法律関係に混乱を起こす場合が存する。そこで一つの訴訟の係属後には統一的審判がなされることが法的安定に資するものと思われる。ここに相対効の例外を認める理由が存在する。即ち、相対的な当事者間限りでの解決では、実体法上法律関係の確定が不十分であり、同一の法律関係に関しては、統一的結論をもたらす必然性が存在する。このためには判決理由中の判断に確定力と形成力とを認めると共に相対効の例外を認めることが適切である。このことは、実体的真実の追究（権利保護）の観点からも妥当である。なお、米国では判決の相対性に類する相互性につき、防御的にも（一九七一年）、攻撃的にも（一九七七年）、放棄した。

(2) 判決と訴訟目的論

制度のあり方の基本として、訴訟状態説[24]は権利の生成・変遷を浮き彫りにし、兼子理論である権利実在説[25]に影響を与えた。それとともに権利の主体性にも光をあて訴訟を通じて形成される法律関係を一歩進めて、判決における当事者の主体的な法的形成の側面をも打ち出した。当事者が主体的に訴訟に関与すれば、真実義務を果たし、さらに当事者にとって不当な結論の可能性はないはずであることを強調した。

この点において訴訟状態説は意義深く、民事訴訟においては「民事紛争解決制度の一つである民事訴訟制度の目的は紛争の解決にある[26]」との論理が、当事者の主体性と、主張・立証が判決の客体的側面を成すという二つの点に関わる論理であることをも意義づけたと言えよう。即ち訴訟の目的論は紛争における「当事者の主体性」と「判決の資料とされる客体的状況」との両面を打ち出した、と言えよう。

また私見は潜在的共同訴訟の個別化を図るものであるが、請求の個別化については、ニキッシュが参考になる。ニキッシュに依れば、権利保護要求はそれぞれの訴訟上の請求に対応すべきであり、原則として、このことにより権利保護要求の数が請求の数を決定するとされる[27]。このことは、請求の併合が好ましいということが、必ずしも本来的でないことを物語っている。そうであるならば、潜在的な複数の訴訟が裁判上個別化されることも肯定されてよいであろう。

四　判決理由中の判断

(1)　判決の理由中の判断の意義

一九世紀ドイツでは判決主文に判決効を認めたが、主文のみでは、実際問題として判断効とは言い得ない。主文だけでは事案の特定、解明は不可能であり、また判決理由を調査しなければ事実認定と法適用の判断の正当化はなし得ない。判決理由にこそ、裁判過程の適正さの担保が書かれ得るのであり、ここに於いてまた事実に沿った判決効が肯定され得る。また紛争の事実・事案に沿った、判断に見合った効力が認められなければ裁判の趣旨（手続保障、及び裁判の要請である公開、対席、処分権主義、弁論主義、証拠法則等）は生かされないであろう。よって、判決理由中の判断にこそ裁判の適正さは保障されるのであり、ここに判決効を認めることこそが妥当である。判決で主文と理由とを区別して、判決の効力を把握することはそもそも政策的考慮[28]にすぎない。一一四条は「主文に包含するもの」とするが、これは、推測では、濫上訴の防止にあったと思われる。だとするならば、判決理由中の判断については、利害関係ある第三者には、ケース・

バイ・ケースの拘束力を個別の事例につき認め得るものと考えられる。紛争の一回的・抜本的な解決の為である。これは実体上の統一的紛争解決にも資する。

(2) 判決理由中の判断の拘束力

私見では、執行力、確定力と制限的形成力を利害関係ある第三者に認める。法律関係には、法的に第三者にも利害が関わる場合があり、この場合には、いわば一種の制限的形成力が肯定されるべきである。そして利害関係ある第三者は後訴において前訴で確定された法的事実を援用することができると考える。すなわち利害関係ある第三者に前訴判決効が及ぶ。そのために、判決理由中の判断に拘束力を肯定することが妥当である。立法例としては、米国の争点効理論と補助参加制度がある。前者のアメリカ合衆国のコラテラル・エストッペルは禁反言に基づき認められる。禁反言に基づくことは根底に於いて日本の信義則（二条）に類する。私見は争点のみならず、事実認定により確定された法的事実（主要事実）において判決理由中の判断に拘束力を有する点で異なる(29)。また、争点効は職権調査事項とされるが、私見は、後訴自体処分権主義によることから、第三者が援用することをも認める(30)。また、後訴の裁判で第三者を当事者とする点で補助参加とも私見は異なるものである。

従来から、実体法上の効力として、反射効（Reflexwirkung）あるいは構成要件的効力（Tatbestandwirkung）等々の主張は為されてきた。しかし、これらは、実際には適用される範囲が少なく、また反射効は既判力の勝敗に関して、片面的に効力が生じること等に十分説明が為されて来なかった。また、他方では、訴訟に関与しなかった第三者に訴訟の結果を強いる点で手続保障の観点からも問題が存在した。

また、解釈論として、三ケ月説においては「元来、既判力は主文に掲げられるもの、すなわち訴訟物についての判断にのみ生ずるという［略］命題は民事裁判の歴史に照らしてみると、かなり後になって現れる、またかなり割りきった一つの訴訟ポリシーの産物といえる面がある」また「判決理由中の判断であっても、既判力による確定を認めたらどうかという疑問が、ドイツ法流の割りきり方をとっている国でも、また、母法国ドイツでも湧きおこっている(31)」としておられる。判決理由中の判断に拘束力を認めることはこのことからも、訴訟政策のひとつであり、唯一妥当な解決は未解決な問題とされよう。

五　現代型共同訴訟

(1)　現代型共同訴訟の課題

現代型共同訴訟[32]においては集団的訴訟をいかに扱うかが一つの課題である。一つのあり方としては、実体法的志向として実体法上統一的な紛争解決を試みる法制度の構築が考えられるべきである。告知を為す制度が前提であるが、すべての利害関係者に対して訴訟の係属につき知っておくべきものとすることは、制度上不可能であり、また告知により訴訟係属を知っていても、時間的、経済的等々の理由で参加できない場合もあり、そうであるとすると参加したくても参加できなかった者に前訴判決の効力を及ぼすことは酷である。法的事実説の観点からは、前訴の拘束力については、手続保障の観点から主要事実（争点を含む）ごとに勘案すべきである。即ち、主要事実ごとの拘束力を認めるべきである。類型化を試みるならば、

①　まず、告知がなされなかった時には、後訴で裁判所の職権では援用しえないが、当事者が有利と考える場合であれば、前訴の援用を認めてよい。統一的解決が図られるからである。

②　告知はあったが参加しなかった場合。当事者に過失がない限り前訴の援用を認める。手続保障については自ら放棄したものと考えられる。また統一的な紛争解決が共同訴訟の枠組みの中で可能となる。

③　告知があり、参加した場合。オプト・アウトせず口頭弁論終結までに至った場合には判決効が及ぶ。後訴において後訴裁判所も当事者も前訴に拘束される。

④　告知を受け、参加したが、オプト・アウトした場合には、オプト・アウトした時点までに事実認定された主要事実ごとに後訴で前訴を援用できる。判決効を受けず自ら個別の後訴で争うため、オプト・アウトしたと考えられるからである。また手続保障の観点からも妥当である。

⑤　訴訟のいかなる段階でオプト・インした場合も、オプト・インした時点以降の確定された主要事実ごとの援用を認める。手続保障から妥当であろう。

即ち、オプト・インしたその後の事実認定した主要事実につき、その者には判決効が及び、オプト・アウトしたその後の確定事実については判決効が及ばない。以上は手続保障と統一的紛争解決を図ることとの調和を図ったものである。また紛争を個別化しつつ、前訴の判断（たとえば不法行為に於ける違法性や因果関係等）に拘束を認め確定しておくことが、後訴に有益でもあり、訴訟経済にも資する。このためには統一的紛争解決を目指す上からも、前訴の判決理由中の判断に拘束力を認めることが妥当である。また、このことにより、争点を含む主要事実ごとの解決方法、例えば、独立共同参加の個別の上訴に対応することも可能である。この場合主要事実ごとの法律関係の確定（判決理由中の判断）につき拘束力が肯定され得る。また私見の応用可能な事例として、筆界確定の訴えにおいても利害関係ある第三者に判決効（執行力、確定力、制限的対世効）は及ぶと解される。

(2)　第四の訴訟類型と現代型共同訴訟

私見は、類似共同訴訟を前提とする判決効である。[33] 類似共同訴訟では、実体法の点から、特に統一的審判を要求していないのであり、過失、損害額等、固有の抗弁などの個別の主張を後訴で主張することが許容される。この際前訴の判決効が法的に利害関係ある第三者に及ぶとすることも意義があろう。このことは、前訴判決が、確定力及び形成力（執行力は個別に獲得するべきである）を有することを意味する。これが第四の訴訟類型である。この後訴の訴えを派生的訴え、前訴の後訴への判決効を派生的効力、後訴判決を派生判決と呼んでおこう。

派生的訴えとは、判決効を主観的に拡張し、潜在的な共同訴訟につき、統一的かつ一挙的解決を図るものであり、判決の主文と判決理由中の判断の整備・再構成を図るものである。

第四の訴訟類型は前訴の判決理由中の判断が後訴に及び、利害関係人を拘束するのであり、その判決効の主観的範囲についていわば部分的・制限的対世効を有すると同時に、給付判決（執行文は後日獲得するが、給付の命令は認められる）[34]、を併せ有する。

また、客観的範囲については、後訴で第三者の固有の抗弁を認める点で、審判を広汎に捉えることとなり、後訴において判決効が拡張されることとなる。

このような意味で、第四の訴訟類型は判決効に於いて主観的に拡張する局面を有するものである。これは実体法上の一定の紛争を主観的・客観的に広く捉えることからの帰結であり、紛争解決機能をより統一的かつ広汎化するものである。また、これによって、紛争解決の実効性が高められまた矛盾回避により裁判官及び当事者の真実追究を全うし、かつ、信義則（二条）に適うものである。従来の相対効はおそらく現代型共同訴訟を想定していなかったのであり、判決の名宛人である個々の当事者に応じた判決効が提示されるべきである。判決文では、「なお、この判決は利害関係を有する第三者にも効力を有する」といった一文が付記されてよいと考えられる[35]。

また、母法国ドイツでは、第三者への既判力拡張を依存関係で[36]、説明する説もあるが、私見は広く依存関係を欠く場合（現代型共同訴訟など）にも適用されるのでこの考えに与することはできない。

六　結　語

前訴は確定力および形成力を伴った拡張された後訴判決（派生的判決）を有し、個々の法律関係の利害の調整をなし得る訴えである。保証や独立当事者参加の個別の上訴などにも適用可能で、あり、また、本来的な実体法上および訴訟法上の利益を保護し、潜在的な共同訴訟の一挙的な解決を行うものである。

これはまた実体法上の法律関係を訴訟上に反映させうるものであり、裁判により私法上の法律関係を規律しうることとなる。また判決理由中の判断にこそ実体法上の事実関係は反映されるので、ここに判決効（派生的判決）を認め、紛争の解決を図ることが妥当である。

判決効を主文にのみ認めるか、理由中にも肯定するかは、司法政策上の問題であり、どちらが実効的かが問われる。判決理由中の判断についての派生的判決効は確定力および形成力を保持するものであり、この実効性に対応する効力である。

私見は判決理由中の判断に関する拘束力を第三者に拡張した場合どのように民事訴訟において実効性があるかを論証したものである。この際手続保障と実体法上の統一的な紛争解決との調和を目指した。両者は実体的真実発見と当事者の主体的な訴訟上の地位（当事者権）を尊重する観点から望ましいであろう。

後訴の第三者による提訴は、前訴の請求権、また、時には実体法上根拠とされる条文とは異なるが、請求の原因からみれば同一紛争と云える。第三者にとってはこの判決理由中の判断についてこそ利害関係がある。この利害関係は事実認定により確定されるべきものであり、第三者は前訴の援用により一連の紛争解決を後訴提起により実現すべきである。

派生的判決とは名宛人を当事者および法的に利害関係ある第三者とする第四の訴えの類型である。また、この判決は過去の確認を為す確認の訴えおよび給付の訴えと、将来に向けて法律関係を設定する点において、形成の訴えをも包含し、兼ね備える特徴があるといえる（但し、執行には執行文を要する）。私見はこのように第三者への個別的判決効を信義則に基づき適用しようとする見解である。

私見は既判力の拡張というより、判決理由中の判断の事実認定に基づく第三者効である。他方訴訟の目的論は、設営者である国家サイドの観点から、個人の権利保護へ移行してきた。誰の、または国家・個人いずれの利益を追求すべきか、という観点からこの目的論は発展して来た。また、権利保護・私法秩序維持・（法的）紛争解決はどのように私権を保護するかという実体法とも関わる議論であった。これは法解釈の手法・方法論が変遷してきたものと把握しうる。また、実体法と訴訟との関わりは判決のあり方（主文と判決理由との区別）とも関係性を有するものと思われる。私見は、訴訟法において実体法の考慮を重視する立場であるが、また個々の当事者の側からの私法秩序（私法上の権利義務）維持の実現を意図するものである。また第三者の裁判を受ける権利の他面として、実体的正義を実現する迅速かつ効率的な訴訟を図るものである。

しかし、他面、前訴判決の拘束力を後訴で調査することは後訴裁判所にとり、負担となるであろう。しかしながら前訴での紛争解決の範囲を明らかにし、その紛争解決の結果や状況ないしは程度を前提として後訴で判決を目指すことができる。さらに第三者の手続保障を充実させることがより好ましい司法政策的判断であるといえよう。

派生的判決は、一回の訴えではなく、一連の紛争の解決のため、国家の司法権の発動が不可欠であることから、その公権的な解決を行うものである。様々な私的自治の結果を紛争性が残されているのに、これを国家が放置しておくことは、望ましくなく、派生的判決を援用すること、すなわち、後訴の提起は不可欠な手段である。利害関係ある第三者は紛争の解決、実体法上の統一的解決のために防御的に訴訟を活用すべきであるし、また自己の利益のためにも攻撃的にも、訴訟制度を利用すべきである。

当事者には前訴で確定された既存の法律関係について、権利行使が後訴において期待されており、またこのことがここでは期待可能である。このことは私的自治による私法上の権利実現に派生的判決が適切かつ妥当なものといえよう。また後訴当事者たる第三者には前訴判決援用のため、前訴判決の確定事実についてよりよく知り得る制度の確立が要請されるべきものと思われる。前訴資料の開示や閲覧が可能となるような前訴援用のための当事者性ないしは当事者に準じる地位が認められるべきである。

また、他の論点にも及ぶ。

その例として、第一に、所有権筆界確定の場合、公的にも私的にも利害ある第三者に判決の効力が、及ぶ。

第二に、共同訴訟の一つである独立当事者参加の一部の者の上訴は、実体法上「第三者」とされ、主要事実、争点ごとに利害関係ある当事者が拘束される。司法政策上判決理由中に判決効を認めるかは実効性、手続保障、真実義務、裁判の利用の利便性等様々なファクターにより吟味

される べきである。私見の提案が実体法をも考慮した、紛争の一挙的解決に資するものであれば、望外の幸せである。本稿は主に自説の展開に終始した。そのため先行論文の紹介の少ないものとなってしまった。御海容をこう次第である。

(1) 伊藤眞教授は、環境訴訟について、任意的訴訟担当の問題とされ、紛争管理説を主唱されている。伊藤眞「紛争管理権再論」竜崎喜助先生還暦記念『紛争処理と正義』二〇三頁。

(2) 現在、団体訴訟の重要性が認められ、立法化がすすめられている。団体訴訟については上原敏夫「団体訴訟・クラス・アクションの研究」(商事法務研究会二〇〇一年)が詳しい。

(3) 最高裁は信義則による後訴の遮断を認めている。最高裁第一小法廷判決昭和五一年九月三十日民集三〇巻八号七九九頁。この判例をめぐる学説については、竹下守夫著「争点効が判決理由中の判断の拘束力をめぐる判例の評価」『判例における法理論の展開』民商九三巻臨時増刊号(1)二五九頁以下が有益である。

(4) 訴訟法は一つにはこのことを目指している。即ち私法秩序維持とは別に、実体権の保護、保障、実現を図ることがひいては訴訟法の目的であろう。

(5) 消費者訴訟の問題点については、三木浩一「消費者団体訴訟制度の展望」NBL八〇〇号七〇頁が秀逸である。

(6) 拙稿「実体法と争点効」佐々木吉男先生追悼論文集『民事紛争の解決と手続』所収。

(7) この用語は大学双書「民事訴訟講義」の境界確定の訴えに用いられている用語であり、その可能性が示唆されている。しかし、境界確定の訴えは今日形式的形成訴訟として裁判官の大幅な裁量が認められている（新堂「新民事訴訟法」第三版一九一頁以下）。

（8）私見は団体訴訟の場合をも想定している。

（9）私見では判決理由中の判断に判決効を認めている。裁判官の事実認定の判断につき、判断効を認める。この点については、ヘンケルの影響を受けた。

（10）これについては、中田淳一「訴訟上の真実義務」法学論叢三四巻二号『訴訟及び仲裁の法理』六五頁以下。

（11）当事者主義のあり方は時代により、その要請が変化するものである。新堂『新民事訴訟法〔第三版〕』三七六頁。

（12）いわゆる第三の波説は徐々に定着しているといえよう。

（13）裁判制度の利用のしやすさは新法での改正の眼目とされた。

（14）いわゆる私法秩序維持説は国家サイドの要請とされていたが、今日では、多元説的な解釈の下に、他の目的説との関連で調和する方向で再度検討されてゆくべきであろう。

（15）ここでは多元説を支持しておく。柔軟な解釈の基準となるからである。

（16）訴訟法は本来的に実体法の侍女と呼ばれる。

（17）本来訴訟は個々の当事者の救済のためにある。だとすれば、当事者の主体性が尊重されるべきである。

（18）私見では、前訴事実認定の書かれた理由中の判断に後訴に対する評価規範としての訴訟物を把握する。

（19）　法的事実に対して遮断効が及ぶ。このような私見の遮断効をここでは法的事実説と呼んでおきたい。

（20）　憲法の保障する基本的価値が十分実現されるべきであり、このことによって、訴訟法は「適用された憲法」とされる。即ち、民法・商法等の実体私法と異なり、訴訟法は憲法に直接基礎を持つ。中野貞一郎「民事裁判と憲法」講座民訴①四頁注1、同「憲法と民事訴訟法」民事訴訟法の論点Ⅰ、二頁。

（21）　この第三者には通常当事者適格（訴訟遂行権）が、認められよう。

（22）　登記など万人に対抗できる、むしろ対物訴訟（この点については高見進北海道大学教授の御教示を得た）の問題も訴訟では、相対効の問題として扱われる。ここでは対世効ではなく、既判力の拡張ともされうるが、私見では形成力に属するものと認識する。民法上の請求権概念に適するからである。これは、本来、実体権を訴訟にいかに反映させるかの問題である。

（23）　伊東教授の提唱による。伊東乾「異説訴訟物論」民商五五巻六号、同『民事訴訟法研究』一頁。

（24）　ゴルトシュミットが提案しコーラーによって承継された（兼子『実体法と訴訟法』一二六頁以下）。

（25）　兼子先生の提唱による（兼子・新修民事訴訟法体系増訂版三三五頁以下。現在日本では、実体法説と融合しつつある（伊藤眞『民事訴訟法【第三版】』四六五頁）。

（26）　新堂幸司『民事訴訟の目的から何を学ぶか』二一一頁。

(27)　この紹介としてゲルハルト・リュケ著・坂原正夫、多田澄江訳「訴訟物概念の聡明期から」法学研究七六巻一〇号三五頁。
(28)　この点についてゴットワルト教授の御教授を得た。
(29)　新堂『新民事訴訟法【第三版】』六五八頁。
(30)　新堂説においても、争点効によって利益を受ける側の主張をまってその効力の存否を調査すれば足りる、とされる点でそう違いはない。前掲注(29)。
(31)　三ケ月章「既判力の客観的範囲」ジュリスト三〇〇号記念「学説展望」。『民事訴訟法研究第七巻』八五頁以下、八九頁。
(32)　不特定多数の利害関係者は訴訟の遂行において特殊である。また、不法行為においては、違法性や因果関係については共通点もあるが、個々の損害や過失等については個々の当事者について異なるため、事実認定において、個々に判決効を認め、後訴のために、個別に判決効を考えることが適切である。この点により類似共同訴訟である。
(33)　この点については栂善夫早稲田大学教授に御教授賜った。
(34)　執行文付与の訴えを提起することにより、執行力が拡張される。
(35)　このように派生的判決であることを明示しなくても判決の効力は変わりない、と解すべきであろう。
(36)　ツオイナーらの提唱による兼子博士が日本で展開された。

【参考文献】

伊東乾『民事訴訟研究』酒井書店　一九六八年
伊藤眞『民事訴訟の当事者』弘文堂　一九七八年
石川明・竹下守夫編『講座　民事訴訟法④　審理』弘文堂　一九八三年
井上治典・伊藤眞・佐上善和『これからの民事訴訟法』日本評論社　一九八三年
井上治典『多数当事者訴訟の法理』弘文堂　一九八一年
上田徹一郎『判決効の範囲』有斐閣　一九八五年
坂原正夫『民事訴訟法における既判力の研究』慶應通信　平成五年
新堂幸司『訴訟物と争点効（上）（下）』有斐閣　一九八八年
三ケ月章『民事訴訟法』有斐閣　一九五九年

5　裁判とは何か

5　裁判とは何か

ON CIVIL LAW

On Japanese civil law, it is recognized that it is introduced from German civil law, and also from Roman civil law. But in modern time, it is better to recognize in ways of the American civil law and the American civil Procedure law, for the modernization. I would like to discuss for the new codification.

一　問題の提起

今日、民法典（明治二九年四月二七日法律第八九号、明治三一年六月二一日法律第九号、施行明治三一年七月一六日）がいま百年余の時を経て、抜本改正されようとしている。民法は、市民社会の一般法とされ、市民生活の経済活動における基本的な法律である。一般にローマ法はローマ帝国分裂後、ルネッサンス期以降に、北方へ伝えられた。そこでは、各地方独自の法的文化との融合が起き、市民革命後、各地方の独立において、法典編纂が、各国独自に行われた経緯がある。付け加えると、英米法と大陸法は、対立した概念であり英国はローマ法の影響を受けず、また、同様にアメリカ合衆国は独立後も法典を持たず、未だ今日に於いても、両国は裁判による個別的解決を行う判例法国である。個別救済を行いつつ、その時々の変革を行い得る司法体制である。我が国日本の明治期の法政策は、西洋諸国に伍し、不平等条約改正を目指して拙速でも良い、という不明晰な内容であった。今日、どのように抜本的改正が行われるかにつき、国際私法学者の道垣内正人教授は、「『債権法改正』の国際競争上の必要性」と題する論文の中に於いて、我々日本人は、日本民法典が、過酷な国際競争におかれているからであるとの認識を述べておられる(1)。

また、我々の実社会は、日々、日進月歩を遂げ、市民社会の法典が一〇〇年余にわたり、改正されない、ということは、ほとんど、困難な現実であることは、明らかである。これは、アメリカ合衆国では、裁判官が、事件を市民の常識により判決を理解していることとあいまって、現実感覚を疑問視させるべき事実であり、この歴史的経緯は、あらためて、法の在り方を問うものである。

ここでは、ギリシア以来の正義論の研究、検討のないまま、明治天皇の勅命により、大陸法が移入された。国家の根幹を定める法律の理解や、議論、法文化のないまま立法化が為された。明治民法は、主にドイツ民法（ＢＧＢ、一九〇〇年一月一日施行）を採用しているが、ドイツ民法は、ローマ法に依拠するものであり、かのローマは、ギリシアを征服し、その後、侵略を次々と行った国家であった。

このような法の本質から、今日、改正の動きは不可欠なものであり、不可避であろう。現代社会では、労務の提供は、労働契約により、取り結ばれ、金銭の貸借は、インターネットによる決済が、通常化されている。既に社会主義国家の中国が、日本を超えた経済大国となった現実への即応は時宜に適うものである。

第二編物権法の所有権は、社会主義では、放逐されている。物権的利用権は、既に今日、見られない。担保物権は、ローマ法の遺物である。第三編債権法は、今回、すでに各国では、改正を終えた。ここでは、今後の課題を検討しておく。

二　民法理論の現代化

ここでは、まずもって第二編物権は、既に日本法においても、概ねその使命を終えた。物権としての利用権は設定され得ず、担保物権は、債権関係の「カタ」であり、物権の理解と異なる。公序良俗の法律感覚に反するものである。従って第二編物権編は、私的財産制の封建遺制であるといえる。

第三編債権編のうち、契約論については、法改正が予定されている。第五章不法行為に関しては、今般の改正は見送られている。

このうち、アメリカ合衆国の理解のうち、TRUE SALE の法理につき、採用されるべき観点から言及する。この法理は、本来契約が一度成立したならば、契約の有効性は、明白であり後日不成立を主張しえないとする法理である。契約の（内心等の）無効の主張を認めない、とするものである。善意・悪意（内心）により、契約の有効性は、影響を受けないものとされる。アメリカ法では、禁反言の法理の現われであり、日本法ならば、信義誠実義務（民法一条二項）の適用となるものである。市民社会において、個人の内心は不問とされ、法律要件事実とはされず、抗弁ともされない。個人の主観を要件とすることは、取引社会の信頼を害するものとされよう。合理的な主張責任、立証責任があり、取引上の契約関係において、また、判決へのプロセスに於いて、適切な市民社会の一員として、信義誠実の原則が働いてゆく。契約も判決に於いても、信義誠実の原則のもと、信頼による当事者間の拘束力が認められる。即ち契約の合意・有効性のみが重要とされ、これは、信義則、禁反言による。筆者はこれを一般的効力と呼んでいる(2)。

契約は、信頼のもと、信義誠実の原則により真正とすべきであり、これを認めなければ、市民秩序は、前提を欠き、正義を希求する市民社会の崩壊を招く。また公文書と私文書の区別は本来市民生活の利用に提供すべきことを考えるならば、無意義である（民事訴訟法二二八条参照）。

契約は合意といった従来の理論ではなく、私見では、信頼的法律関係に基づき、法的効力を生じるものと考える。

我が国民法の第一編第三節意思表示の規定からすると、契約とは、「相対立する二個以上の意思表示の合致すなわち合意によって成立する法律行為」とされている(3)。しかしながらこれは外部に対して意思表示が表示されないならば、相手方の信頼を失い、法的安定性、予見可能性を害することとなる。

民事訴訟法上のかつてのいわゆる、「随時提出主義」に於いては、奨励する主張、立証を促す役割があった。適時提出主義によると、合理的期待可能性がある場合、信義則により、口頭弁論終結時まで提出が為し得、この合理的期待とは、信義則上の政策判断である。この合理的期待があったとされるならば、基準時後の主張・立証は認めるべきではない。その後の権利行使は、不意打ちとなり、基準時後の主張・立証の機会を与える論拠はない。

個別の意思表示の主張では、たとえば詐欺・強迫（民法九六条）では、契約不成立を契約後に後日主張するわけであるが、ドイツでは、無効である。信義則により、政策判断が実践的とされる。錯誤（民法九五条）はそもそも契約不成立（絶対的無効）であり、市場の参加者として不適切であろう。市民社会に於いては、注意を欠き、不適法とされるであろう。「買主注意せよ」は、法格言として、現前としているのである。

虚偽表示（民法九三条）は、信義則違反として、契約としては、そもそも最初から、成立していないわけである。

また、通謀虚偽表示（民法九四条）は、違法性が本来あり、内心を外部的に表示しており、脱法行為が契約不成立とされる。

また、未成年者に関しては、保護する理由があれば、現在取消権の権利行使は可能である。詐称とのバランスを考えるべきである。原則としては、よって契約不成立となろう。

最後に、善意者保護法理即ち、表見法理は、法的安定性の点から、不要な法理である。善意が後訴での固有の抗弁とすると、実体関係が覆され、不適切である。後から、当該法律関係を有するに到ったいわゆる「第三者」は、「買主注意せよ」との法格言のもと、善意であることは、許されず、確認を取って、法律関係に入るべきである。その折、詐欺の可能性はあっても善意であるから、といって保護され、有利な地位につくことは、許されない、とすべきである。これは、ドイツ民法では、無効原因とされている。したがってこのような抗弁を認めることは、許されない。合意の構造となる内心を基礎におく九三条～九六条は、不要な規定であり、契約理論とは、無用なものである。また、意思能力、およびその制限、代理制度及び、意思主義による、フランス法的な理解は、採用しえない。一七六条、一七七条の両条の整合的な説明は不可能である。他方、形成権といった概念はドイツ法固有の理論であるが、本来、不要である。

このように言える論拠として、三点を指摘しておきたい。第一に、契約が成立か不成立かのみが問題である。第二に、内容における「瑕疵」の無効原因、取消原因は、契約の有効性を争うものであり、権利主張、立証は、できない。第三に、後訴での蒸し返しは禁反言の原則に依って、禁じられるが、これは、市民社会に於ける契約に於いても民事判決と同様、禁じられる。民事判決も契約も一般的に真正に成立し、後日に蒸し返すことは、できない。これは、信義誠実の原則に基づく。取引社会の健全な主体として、責任ある慎重な態度が要請される。

三　民法のその他の論点

英米法に於いては、概念法学に於けるような一般的、包括的な法的主張の体系的構成は行われていない。これは利用しやすい裁判の為である。市民感覚から離れては判決は書けない。法律や一般原則は、存在しない。判決が個別的に正義を追求しており、これで足るからであろう。陪審制が民事、刑事に於いて導入されており、市民の主張が採用される。裁判官は選挙により、選ばれ大きな自由な裁量がある。司法権の民主化が具現化される。裁判は救済のシステムである。例えば、不当利得は、（契約等の）違反当事者を、契約が締結されていなければ置かれたであろう状態におこうとするものであり、この場合、救済の目的は契約の実現というよりも、不当利得の防止になる。通常、原状回復利益は期待利益や信頼利益よりも小さい。現在、履行利益と信頼利益の区分は、相対化された。期待利益、信頼利益、原状回復利益のいずれのなかにも、違反当事者に利得を与えるために被害当事者が負担した費用が含まれているのに対して原状回復利益には、それ以外の喪失された収益・利潤や、被害当事者が契約を信頼してなした出損のうち違反当事者に利得を与えなかったものが含まれていないからである。

三つの利益についての簡単な例として、代金一〇万ドルで注文主の土地に建物を建築する建築請負契約を考える。かりに、この建物を完成させるために建築業者にかかる費用を九万ドルとする。業者が何もしていない段階で注文主が契約を破棄すれば、業者の損害は、得べかりし収益の一万ドルということになる。この一万ドルが業者の期待利益の額である。これを業者に与えれば、業者は契約が履行されたのと同じ経済的状況に置かれることになる。業者はまだ契約が信頼した行動を何もとっておらず、また、注文主は業者から何の利益も受け取っていないので、信頼利益も原状回復利益もゼロである。もし、注文主が契約を破棄したときに業者が建築工事の費用として既に六万ドルを支出しておれば、業者の期待利益は七万ドルとなる。その時の信頼利益の額は六万ドルであり、それまでに部分的に完成した建物が注文主にとって四万ドルの価値があるとすれば、原状回復利益の額は四万ドルということになる。(4) 両概念は不要で「損害」とされるべきであろう。

さて、日本法には、担保というものがある。これは、抵当権は、不動産につき、消費貸借関係において、「カタ」として、付随的に抵当権設定契約により発生する。しかし、不動産は、非代替性があり、交換価値が把握されるには、不適切である。従来は、代物弁済予約により、暴利行為として、公序良俗違反とされたが、これは、譲渡担保と同様、抵当権は、暴利行為であることを示す。これは、判例法理の示すところである。従ってこの法理によると、担保法および、強制執行法理は公序良俗に反し、無効である。不法かつ違憲（憲法二九条）の法理である。

これが世界の趨勢である。近時のサブ・プライム問題はこの問題性を明らかにしているものといえる。

四　裁判の主張

従来の司法研修所の要件事実教育は、ローマ法に由来する民法の概念構成に依拠する。しかし、例えば、民法九五条（錯誤規定）では、権利根拠規定であり、かつ権利滅却規定である。したがってこのような規定の理解は、第三節意思表示に対応したものであり、不適切かつ不要である。ここで抗弁とは、単なる主張と解し、主張・立証の一般原則はない。法律要件事実論は不要である。

たとえば、過失は、原告・被告双方からの主張により決まる。例をあげよう。二〇〇年程前のイングランドにおける不法行為事例を紹介したい。

［判例］(5)

〈事実の概要〉

ダービー（Derby）の町中の一つの公道に、被告は道を横切るような棒を設置していた。同一方向に向かう分岐道ないし街路はもう一つあり、そちらは自由に通行できた。原告は事故地点からさほど離れていない酒場（パブ）を八月の夕暮れ八時に出て、被告の横棒のあるほうの道を、馬に乗って疾走し、横棒に衝突して馬もろとも転倒、落馬し重傷を負った。ただし事故当時原告は酩酊していた、との証拠はない。

事故が起きた八時ころは、「ちょうど人々がろうそくをともし始めた頃であったが、一〇〇ヤード先の障害物を識別できるほどの明るさは残っていた。」この点を立証した証人は、原告が馬を激しく走らせていなければ、それを認めて避けることもできたかもしれないと述べた。

「以上の証拠にもとづいて、Berley 裁判官は次のように陪審に説示した。もしも合理的かつ通常の注意をもって乗馬している者が、当該障害物を見ることができ、避けることができたならば、さらにもしも陪審員諸君が、原告は当該街路をきわめて激しく、かつ通常の注意を欠いて、乗馬していると認めるならば、諸君は被告側に評決を下さなければならない、と。」

そして、陪審は被告側を支持する評決を下した。原告はただちに、この裁判官の説示に異議を唱え、再審理（new trial）の申し立てをした。

この裁判での争点は、Bayley 裁判官が陪審に示したコモン・ローに誤りはないかどうか、である。原告は、「もしある者が丸太を数本公道を横切るように置いたとき、注意して乗馬する者なら安全に通れるとしても、その丸太のために私の馬がつまずき私を振り落すならば、私は訴えを提起できる」という準則が当時の陪審裁判説示集に載っていると指摘し、Bayley 裁判官の説示は、コモン・ローに反して違法であると主張した。しかし、この主張は認容されず、再審理の申し立ては棄却された。

＜判旨＞

Bayley 裁判官

「原告は馬を全力疾走させていたと立証されたのであり、しかもそれはダービーの町中の道でのことであった。もし原告が通常の注意を払っておれば、障害物を見たはずであり、ゆえにこの事故は全面的に原告白身の過失（fault）から起きたものとうかがえる。

Ellenborough 裁判官

「一方当事者は、みずから正しくあるために一般の通常の注意を払わないのであれば、他方当事者の過失（fault）により作られた障害物を非難すべきではない。道路の誤った側と考えられる側で通行している者たちを例にとれば、そうであるからといって他の者が自分の乗った馬を彼らに故意に突き進めてよいということにはならないであろう。一方の者に過失（fault）があることは、他方の者が自分自身のために通常の注意を払うことを免除するものではない。

本件の訴えが認められるには、二つの点がそろわなければならない。被告の過失による道路の障害物設置、そして、原告の側にその障害物回避のための通常の注意の欠如がないこと、である。」

ゆえに、再審理の申し立ては棄却。原告敗訴。

［判例の解説］

まず、英米法と大陸法的な日本法との判決の書き方の相違点について、いくつか、指摘すると、陪審制の採用がなされ、裁判官は事実の提出を全て促さなければならず、事実の確定を行うのみである。何ら法律はないため、法の適用は為されない。その後、陪審員すべてに対し、説示をする。これは、陪審員が判断しやすいように法的な意味を説明して、陪審員からの質問を受ける。陪審員は、議論を別の部屋で直ちに行い、過半数の評決によって、結論がくだされる。以上の段階において裁判官の個人的な意見は示されない。

なお、原告および被告の主張は全て抗弁であるが、この点日本法と理解が異なる。主張の内容の明快さや明晰な合理性で、両当事者のすべての主張を突き合わせれば、おのずと当事者の本質的な争いが明らかとされる。争いがあれば、立証を促す。この上で、市民たる陪審員の常識的判断から、結論付けられる。古来より、「汝は事実を語れ。さらば、正義を語らん。」との法格言が(6)あるが、十分な事実収集能力が裁判官が事実認定に於いて要求される。判断に必要なすべての法的主張を引き出しておかなければならない。そしてその後は、すべて陪審員にまかせられるのである。全ての法的判断は陪審員にゆだねられる。このようにして市民の司法参加が貫徹される。

五　結　語

市民社会を律する民法典の理解に則って主張・立証する提言をアメリカ法を参考にし、行った。ここでは公法・私法の区別なく、私人が提出するならば私文書である、という前提がある。本来的な私的自治を訴訟に反映するための枠組みが今後も追求され続けられるべきであると考える。

（1）道垣内正人「『債権法改正』の国際競争上の必要性」ビジネス法務二〇〇九年八月号一頁。
（2）拙稿「クラスアクションと消費者保護」城西大学国際文化研究所紀要一六号四七頁参照。
（3）我妻栄『新訂民法総則』二四四頁（一九六五年）。
（4）丸山英二『入門アメリカ法』一七八頁〔第二版〕。
（5）Butterfield v. Forrester（1809）11 East 60, 103 Eng. Rep. 926 なお、『英米判例百選〔第三版〕』を参照した。
（6）ラテン語では、i.j は音の違いを意味するが、現在のドイツ語の法・権利（Jus）はラテン語の ius に由来する。法・権利・主義はインド・ヨーロッパ語族では、同一語の場合が多い。Recht（独）、right（英）、droit（仏）は、「右」という意味と、権利・法を同様に意味する。Justice は Jus に由来すると理解される。正義は権利の追求たる法に由来する。

6　フランス新民事訴訟法九一一条と国際管轄

6　フランス新民事訴訟法九二条と国際管轄

一　序

新フランス民事訴訟法は一六六七年四月の民事訴訟王令の後に成立した従来の一八〇六年旧民事訴訟法を四つのデクレ、とりわけこれらを統一した一九七五年一二月五日デクレ一一二三号により改正された。新法は一九七六年一月一日より施行せられその後一九七六年七月二九日デクレ七一四号、同年一二月二八日デクレ一二三六号によって若干修正を受け今日に到っており、全体で九七二条におよぶものであるが強制執行手続、仲裁手続などについては旧法の規定が今なお妥当している。

フランスにおいては国際裁判管轄に関する規定は置かれていないが無管轄の抗弁（九二条・九三条）に関し修正が行われている。国際裁判管轄の性質については、従前より土地管轄とみるか権限管轄であるかという問題について論じられることが少なくなかったが、改正法はこの点について積極的な解釈を示すものではなく、内国法の規定がそのまま国際管轄に適用し得るものであるか否かについても明らかにするものではない。しかし特定の国家法における裁判管轄の問題は事案が内国事件であれ国際事件であれ、いずれにしても特定の国家法に基づく裁判所によって審理されることになるため、国内法としての民事訴訟法の規定がそのまま国際事件について移しかえが許されるものか否かについての検討がなされてきた。そこでこの修正に伴い従来の国際裁判管轄権の法的性質が変容を受けたのか否かについても新しい議論を呼んだ。そのうち新法改正後の最も詳細かつ特色ある議論に次の三つがある。

1. Huet, Le nouveau Code de Procédure civile du 5 décembre 1975 et la compétence internationale des tribunaux français, *Clunet 1976. 342.*
アンドレ・ユエ「一九七五年一二月五日新民事訴訟法とフランス裁判所の国際管轄」
2. Gaudemet-Tallon, La compétence internationale à l'épreuve du nouveau Code de procédure civile : aménagement ou bouleversement? : R. D. I. P. 1977, 1.
エレヌ・ゴドメタロン「新民事訴訟法の試練に耐える国際管轄、改正か混乱か」
3. Couchez, Les nouveaux textes de la procédure civile et la compétence internationale, Trav. Comité fr dr. int. pr. 1977, 113S.
ジェラール・クシェ「新民事訴訟法典と国際管轄」

本稿は、この三つの学説を紹介することによって、フランスの学説が内国裁判所が国際事件について内国民事訴訟法の規定をいかに適用すべきと考えているかを見ることによって，同じく国際裁判管轄について特別の規定を持たないわが民事訴訟法が国際事件についていかに適用されるべきかという問題についての議論の一つの参考にしようとするものである。

(1) 新民事訴訟法典の改正・注釈については、「フランス民事訴訟法の沿革」注釈フランス新民事訴訟法典　法務資料四三四号（法曹会）、若林安雄「クロード・パロディー、L'esprit général et les innovations du nouveau code de procédure civile」民事訴訟法雑誌二八号二一八頁以下参照。

二　フランスに於ける国際管轄

(1) フランスに於ける国際管轄

フランスに於ける国際管轄を論じた基本的文献にバルタンがある。彼は国際管轄を一般管轄と呼んだ。[1] バルタンに依れば国際管轄配分の問題において管轄は権限管轄（ratione malenáe）であるとされる。[2] 権限管轄とするのは、国際管轄規定はフランス裁判組織（ordre は以下適宜組織または秩序とする）の裁判所と外国裁判所との間の管轄の分配として作用するからである。[3]

しかし他の多くの学説では、国際管轄は土地管轄であると考えられている。[4] それは国際訴訟は、人と場所の要素において内国訴訟と区別せられるのであり、それ故国際管轄規定は土地管轄規定にならって法的関係を裁判管轄の土地に局限することを問題とするからである。

しかしながら、新民事訴訟法九二条は国際管轄を暗黙のうちに権限管轄だと考える下級裁判例が現われ、[5] またユエがこれを強く主張しているのである。[6]

(2)　フランスに於ける判例の概観

フランス破毀院は新民事訴訟法九二条以前から土地管轄を採用しているが、[7] 改正後も離婚、[8] 別居、[9] 労働関係等[10]について維持している。即ち国際事件の管轄を被告の住所地にあることを原則として新法四二条を適用し、[11] 労務の提供につき四六条を適用し、[12] 相続につき四五条を、[13] 不動産につき四四条を、[14] また不法行為について四六条を適用している。[15]

以上のように、四二条以下の土地管轄規定[16]を適用することはほぼ判例上確立されており、土地管轄説に依拠しているのが判例の状況である。

(3)　旧法及び現行法の翻訳

第九二条（一九七六年一二月二八日デクレにより修正）

無管轄は、権限管轄の規定の違反の場合であって、その規定が公序に関するものであるとき、《又は、被告が出頭しないとき》には、職権でこれを宣告することができる。《権限の無管轄を職権で宣告することができるのは、これらの場合に限る》。

控訴院及び破毀院においては、権限の無管轄は、事件が刑事又は行政裁判所の管轄に属する場合、又は事件がフランスの裁判所の裁判権に服さない場合にのみ職権でこれを宣告することができる。

第九三条（一九七六年一二月二八日デクレにより修正）

《非訟事件においては、裁判官は土地の無管轄を職権で顧慮することができる。訴訟事件において、裁判官がそれをなしうるのは、身分に関する紛争、法律が他の裁判所に専属管轄を付与している場合、又は被告がしない場合のみである。》（以上の翻訳は「注釈フランス新民事訴訟法典」法曹会一九七八年による。）

旧民事訴訟法一七一条

一九五八年一二月二二日デクレ第一二八九号

事物に関する無管轄は、次に掲げる場合でなければ、職権で言い渡すことができない。

1°　法律が刑事裁判所または行政裁判所に管轄を与えている場合

2°　別居、財産の分別、離婚、身分の問題に関する事件の場合および一般的に管轄の規定が公序に属する訴訟の場合

3°　紛争が小審裁判所の終審としての管轄に属する場合

訴訟事件については、土地の無管轄は、職権で言い渡すことはできない。ただし、当事者がその権利について和解をすることができない場合は、この限りでない。

（本条の翻訳は「フランス民事訴訟法典の翻訳」フランス民事訴訟法典翻訳委員会　法協八一巻四号四〇五頁による。）

一九七二年七月二〇日デクレ

三二一条　無管轄は公序に関する権限管轄違反の場合に職権で言い渡すことはできる。それはこの場合に限られる。

破毀院の面前に於いてはこの無管轄は行政裁判所の管轄に関する事件の場合にのみ職権で言い渡すことができる。

三三条　非訟事件に於いては、裁判官は土地無管轄を職権で言い渡すことができる。裁判官が訴訟事件でそれを為しうるのは、身分に関する訴訟、あるいは法が他の裁判所に専属管轄を割当る事件においてのみである。

三　学説の紹介

(1)　クシエの見解

クシエの論文(17)は国際管轄を内国法として知られたカテゴリーに関連づける方向に至らしめるか（土地管轄に結びつけるか）、権限管轄に結びつけるか、あるいは管轄それ独自が問題であることを明らかにする方向に導くかを論ずるものである(18)。

事件を土地管轄に結びつけることは十分自然な反論を惹き起こしうるものであろう。Batifol

とLagardeが反論を示すように、内国土地管轄規定は、管轄権のある裁判所に関して法律関係上の場所を特定することを目的とする。それ故ここでの問題は、様々な裁判権の管轄を空間的に割り当てることにある。クシエによればこの空間は国家的領土であり、国際的範囲においては、管轄を割り当てなければならないところの空間はいくつかの（関係のある）国家の土地の全体によって構成せられ、内国の問題と同じ類型の問題であるように思われ、例えば内国の範囲に於いては、人は被告の住所（あるいは居所）の裁判管轄の原則を設定するが、同じように国際的範囲に於いては、そこに被告が住んでいる国の裁判所の管轄の原則を設定する考え方を採用する。たとえ、内国土地管轄の問題と国際管轄の問題のあいだのいくつかの類似性の存在を認めるとしても、何人かの学者は、この点に於いて極端に走ることはできないということを認めている。二つのタイプ（国内管轄の割当てと国際管轄の割り当て）の問題を同一視することは裁判権に関する普遍主義を前提とすると云われてきた（Hebraud の定式化）が、クシエは、国際管轄の配分選択を内国裁判所における管轄の配分・選択と同視することは、国際社会における各国の裁判所について国内裁判所と同様に統一された組織体が存在すると考えることに他ならず、これが現実に合致しないことを指摘している。[19]

この問題についてバルタン[20]は国際裁判管轄は権限管轄に近づけられなければならないことを主

張した。即ち、国内の範囲に於いては、土地管轄規定が、決定することを予定せられているのに、権限管轄規定は確定された裁判の種類（行政か、司法か）と裁判所のカテゴリー（民事か、商事か）の中で、その裁判所、それは地理的に正確な管轄である特定の裁判所を決定するという任務を負っているのに、その裁判所を決定することを許すものであると主張する。[21] また、ソリュスとペロー[22]は同じように、国際的場面において職分管轄に関する内国規定を利用することはほとんど不可能であったということを認めている。

しかし、クシエは権限管轄規定は、訴訟の性質に従って区別をするべきものであると考えている。この性質は訴訟の国際的要素によって影響されないので、権限管轄規定は、異なった国家間での訴訟についての配分を可能にすることはできるものではない。それ故、ソリュスらは、国際秩序に於いて土地管轄規定が適用されるや否かについて、土地管轄規定は職分管轄の性格をもつと主張して土地管轄規定によることとしかできないと考えるのである。[23]

一国の国際私法が、一国の内国法の観念、カテゴリーに依存したものであることは否定できない。管轄の問題の土台は権限管轄規定あるいは、土地管轄規定の中にのみ存する。いくつかの適用を予見するとすれば、そのカテゴリー各々に適用可能な規定から国際管轄規定を引きだすことが是非必要である。規定のこの二つの系でいずれの系が結論をひき出すことが問題となる規定に多く適用されるかを知ることが問題なのである[24]。

事件の民事あるいは刑事の性格の理由に依り、民事あるいは刑事の裁判所に管轄が与えられるのと同様に、内国の範囲において論争の的となっている問題の行政的性格を理由として、行政裁判所の管轄を裁判官に割り当てている、ということがフランスにおいては強調されてきた。反対に、フランス裁判所の秩序に求めるところのものと外国裁判所の秩序に求めるところのものとの間の配分は、本質的には場所に基づく要素を考慮してなされるはずはないのではないのだろうか（フランス民法一四条一五条の帰結である特権、このような裁判権の特権を考慮にいれなければ[26]）。

クシエによれば、いかなる場合も、とにかく問題は裁判所の地理的な管轄（ressort）と同時に裁判所に服させる事件の位置を考慮に入れることにある。その管轄区域の中で、この事件がおこったところの裁判所にのみこの事件が持ち込まれるとして、国際的な領域では事件がフランスで生ずるとすぐにフランスの裁判所の一般管轄をまず認めるであろうのに、内国の範囲に於いては直ちにこのような裁判所には権限があると言うことが問題となる。ここで領域の差異は問題の類似性を見失なわせてはならない。結局、問題解決を可能にするはずのものは同じ理由である。被告を保護するという同じ意図が、内国の局面ではこの当事者の住所の裁判所の管轄を設定し、国際的な局面では、その領域上にその被告が住んでいる国家の裁判所の管轄を呈示するに至る。審理の便宜について内国領域に於ける係争の的の不動産の所在地の裁判所に管轄が認められるのと同様に国際的領域に於いては、当該不動産等の所在地の国家の裁判所の管轄が特に認められる。結局、分析に基づく考慮は実際的な性格の考慮に合致するものである。その考慮は国際管轄の規定のために内国土地管轄規定を用いるように促すことに他ならない。新民事訴訟法の立法者が非常に明確な点について、即ちこの管轄を権限管轄として扱ったその程度に於いてのみ、この改革には非常に限られた範囲のみを認めねばならないし、そして国際管轄の性格について一般的な訴訟の蒸し返しという考えをそこから少しも引き出してはならないのである。(27)

従ってクシエによればこれらの要件の下で国際裁判管轄の問題は原則として（広汎な、あるいは移しかえられた）内国土地管轄規定によって解決されなければならない。この規定は仮説の二つの流れにおいてのみ排除されねばならない。

まず初めに、条文がこの規定の機能を認めないという仮説次に国際関係の必要性の要請が当該条文に異なった取扱いをするよう命じる場合。クシエが国際私法に於ける訴訟の新法典の適用を考えるのはこれらの基礎に基づいてなのである。(28)

内国土地管轄に関する一般規定は、現在では、新民事訴訟法四二条以下に規定されており、国際的範囲に於いてのこれら条文の移しかえはさほど困難ではない。従って “actor sequitur forum rei" という古典的な規定に基づいて、被告の住む場所（即ち、四三条の厳密さを考慮して被告の住所、あるいはそれがない場合には被告の居所、あるいは更に法人が問題となる場合にはそれが設立された場所）の裁判所の管轄権という原則を設定する四二条一項は、国際的な面でもフランスの裁判所は被告がフランスに住む場合に管轄を有するということを意味するのである。[29]

同様に、不動産については、不動産の存在する場所の裁判権の排他的な管轄を肯定する四四条の拡大により、フランスの裁判所は係争不動産がフランスに存する時には、唯一の管轄を有すると考えられる。相続事件においては相続開始の場所の裁判管轄を規定する四五条の規定を移しかえることができる。（不動産の相続は不動産の存する場所の管轄であり、新民事訴訟法以前の判例はこの規定の適用を不動産の相続にのみ制限していたことを確認する必要がある。）いくつかの規定が管轄の選択権を予定していることが問題なので、移し換えは同様にして容易であろう。いくつかの事件については、被告の住む場所の裁判所の訴えの係属（前述のように考察された原則による管轄）と、他の裁判所の訴えの係属との間の選択を規定する四六条が勿論考えらえる。このようにして契約については目的物の実際の引渡しの場所あるいは労務の提供の履行の場所の裁判所の管轄が等しく肯定せられる。それ故、フランスの裁判所が訴訟の裁判権を有するためには、この場所の一つがフランスにあればそれで足りる。[30] 旧規定四二〇条は商事事件に於いてしか適用されなかったのに、新しい条文は一般に契約の事件を対象とするので、民事の契約事件についても定まる。それにもかかわらず例えば保険契約や労働契約のように特別の管轄の規定を対象とする契約を留保することが必要である。(31)

他方からすれば、現在採り上げられた関連づけの基準は以前のものよりも客観的である(四二〇条は契約地、支払が行わねばならない場所、換言すると、訴訟と客観的な関連をもちえないことを正当に示された場所を考慮していた。)また、不法行為の事件については四六条が原告に侵害行為の場所あるいはその管轄区域内で損害が発生した裁判所に提訴する可能性を与えている。当事者が同一の法律行為から生ずる物権債権を同時に主張する混合事件においては権限は不動産の所在地の裁判所に事件の審理が委ねることができる。扶養あるいは婚姻費用分担の事件においては債権者が住所地の裁判所に訴える機能が与えられている。これらの選択権は等しく国際的領域に於いても拡張の対象とされうる。(32)

いずれにしても考え方の同じ種類においては、原告に対し被告が複数いる場合には原告の選択により被告らの一人の住所地の裁判所に審理を委ねることを認める四二条二項——人が移しかえをなお一層理解しうるところの条文——を引合に出すことができよう。被告の一人がフランスに住んでさえいれば訴訟はフランスの裁判所の面前でなされうるであろう。

それ故新民事訴訟法のいくつもの一般規定は完全に国際裁判管轄の問題の規定のために利用されうることが確認せられる。かつまた、新しい法典化ととにかく含むところ無関係な条文に規定されている特別規定の場合も同じである。このような理由で例えば離婚事件に適用可能な管轄規定がその例である。すなわち、まず家族の住居の場所の裁判所、次に夫婦が既に別居した場合には、未成熟子の監護をしている配偶者の住所の場所の裁判所、最後に被告の住所の裁判所[33]というように段階的にいくつかの管轄が予定されている。

問題は国際条約の中にも成り立ちうる。例えば一九六八年九月二七日のブリュッセル条約は裁判管轄にかかわるものがある。[34]

土地管轄の国内規定から引き出された共通法を除外するに至らしめる条文は二国間あるいは多国間の合意にのみではなく、フランス立法府の一方的な意思にも基づきうる。ここでは民法一四条、一五条を念頭におくのだが、これらの条文については当事者の一方がフランス人である場合には、一四条、一五条はフランス裁判所の一般管轄を肯定するということが知られている。これらの条文の適用の場合にわが裁判所の管轄はそれ故当事者の一人のフランス国籍に基づくのであり、土地管轄の移し換えに依るのではない（結局は一四条、一五条が引合に出される場合に、「通常の」規定はフランス裁判管轄を正当化することを認めないので、それが原則である。[35]）

内国土地管轄規定の移しかえの原則の異なる扱いは国際関係に固有の絶対的必要により命じられる。従って国際的局面に新民事訴訟法四八条に現われている禁止を拡張することができないように思われる。この条文は直接にせよ、間接にせよ土地管轄規定に抵触するあらゆる条項を原則としてはそれは書かれていないものと看做すということが知られている。全員が商人の資格で契約した法人により取り決められたこのような条項が同じ条文によって例外として許されている。その人に条項が対抗されるところの当事者の契約で条項が明確に示されなければならない[36]。裁判権を付与する条項は国際関係の範囲においては大変普及している。そしてそのことは正確には法的安全性と予見可能性という理由からである。多くの場合、この裁判官が仲裁人であることが生じる（かつ、管轄を付与する条項を禁止するが仲裁条項は禁止しない四八条は裁判官が仲裁人になることを禁じていない）が、それはかつ当事者の意思を尊重することに好都合であるように思われる[37]。

(2) ユエの見解

ユエは新民事訴訟法典はフランス国際裁判管轄を全く無視するようにみえるにもかかわらず[38]、

新民事訴訟法九二条に表われる一つの小さな文章が、改正の立法者がフランス裁判所の国際管轄を忘れていたわけではないということを明らかにしていることを指摘する。[39] すなわち、この規定は二重の意味で極めて重要である。一方でその規定が国際管轄の性質を権限管轄として考慮することによって修正しているが、他方で特に魔法使いの弟子のように新民事訴訟法の編纂者は国際管轄の確定について全てを予測していたわけではないということを指摘するのである。

国際管轄は土地管轄であろうかそれとも権限管轄であろうかという問題は実際上の利益にも関わらず、先述(1)のとおり学説が分かれ、法律によって解決されているものではないが、例えば、判例が国際管轄の合意による拡大の有効性を広く認める場合がそうであるように国際管轄を内国の土地管轄と同一視する傾向がみられたのである。この有効性を認めるということは規定が国際管轄の中に権限管轄を見ていたとしたらそのようなことはなかったであろう。なぜなら権限管轄は土地管轄よりもずっと多く公序にかかわることがあるからである。[40] また判例は「民法一四条によって置かれた土地管轄の特別規定」を言及した一九五〇年七月一二日の破毀院の判決によって国際管轄を土地管轄の性質と認めることを明示的に行っている。[41]

これらの条文（三二条、三三条、九二条、九三条）の概括的な分析は以前の規定と異なって新民事訴訟法は明白に国際管轄の問題に対する一つの立場を予定しているといえる。[42] すなわち、暗黙にではあるけれども国際管轄を権限管轄と同一視することは明らかである[43]。

従って、新民事訴訟法九二条は、国際管轄規定は刑事裁判権あるいは行政裁判権の所轄に属する事件と外国裁判権の所轄に属する事件を同一の体制下に置くことは裁判権の秩序に関わる問題であるということを確認しているのである[44]。

ユエは、この条文は権限管轄規定の違反の場合には職分管轄が公序である場合に職権で無管轄が宣告されうるということを明言することに制限しているとみている。すなわちこの条文は、同時に、国際管轄を権限管轄と同一視しており（二項）、そして結論として国際管轄規定を権限管轄規定と同一視する。フランスの裁判官が彼の国際無管轄を職権で提起するというフランスの裁判官のための権限は、今日では内国職分管轄を職権で辞退することをフランスの裁判官がなしうるという権限に擬せられなければならないということに必然的になる。言い換えると国際無管轄は国際管轄規定が公序である場合の違反には職権で宣告され得ると考えるのである[45]。

新民事訴訟法九二条の編篇は再び二つの観察を必要とする。まず最初に九二条は他の場所九三条と同じように職権で無管轄を宣言するよう裁判官に義務づけてはいない。専ら機能を与えているだけである。公序規定を無視して裁判官に国際管轄を維持することをフランスの裁判所に対して何も禁じてはいない[46]。

第二に次のことが指摘される。即ち、九二条が反対に、もし事件がフランス裁判所の承認を免れるならば職権で無管轄を提起することを許すことによって、国際管轄規定にある種の特性を控訴院にまた同じく破毀院にさえも認めているのである。一九七二年一月二〇日デクレ三二条に於いて示されていないこの説明は、フランスと結びつけることなき国際訴訟の審理の為に職権で無管轄を宣言することを小審裁判所が慎むということをひどく恐れる人々の危惧をやわらげる性格を持つのである。

ユエによれば新民事訴訟法の起草者らが九三条に於いて国際管轄に対して土地管轄の性格を維持させることを妨げていたことは何かはわからない。そして全てはもっと単純なことなのである、とされるのである(47)。

(3)　ゴドメタロンの見解

ゴドメタロンの指摘は何よりもまず新法典は内国法の条文であるにもかかわらず国際私法とかかわりをもつという点にある(48)。

新民事訴訟法九二条と九三条は権限管轄と土地管轄を識別する。しかしそれは九二条において事件がフランスの裁判所の裁判権の権限を越える場合を規定する権限管轄規定違反による無管轄にあてられている。換言すると、一九七六年一月一日以来、国際管轄は土地管轄ではなく権限管轄と考えられているのであろうか。

ゴドメタロンはデクレが裁判官が職権で無管轄を提起する可能性について、即ち国際管轄の制度についてだけは国際管轄を職分管轄とみているように思われることと指摘する。

もちろん、新法典のいかなる条文も国際管轄規定の決定に該てられてはいない。国際管轄は職分管轄の制度の規制下にあるとして、他方でこの規定の決定については土地管轄と同一視しうるままであると仮定しなければならないのであろうかという問題がある(49)。

ゴドメタロンは九二条の改正者達は国際管轄の性格について賛成するつもりはなく、単に実際的質問を正確に規定すること、即ち、裁判官が管轄不存在を職権上宣告できるケースを決定することだけを考えている(50)。

すなわち、九二条二項は国際管轄を裁判官がその管轄不存在を職権上宣告できるということに関する限り、権限管轄として扱う(51)。もちろん土地管轄の原則を移し換えるという伝統的方法に対しては、二つの批判が挙げられている。

まず最初に、それは国内法の土地管轄の原則の間で、国際的訴訟事項で移し換えを受け入れ得るものと、国内法でその使用が制限されるものとを区別することを意味しているが、その選択は非常に恣意的である。[52]

第二の批判は管轄の制度と管轄の決定の間に見られる分離をどう扱うかということである。制度に関しては、国際管轄は権限管轄の問題であり、その原則の内容については土地管轄の問題であるとして、そのような二分法が実務では起こり得るが、実際、制度と内容の二つが不可分に絡んでいるものをどう切り離したらよいのか、という疑問が提起される。[53]

このように裁判官が権限管轄の不存在（制度上での問題）を宣告できる権能または義務は避け得ない結果として、両当事者が管轄（管轄の決定の問題）の慣習的修正をどう扱うかの可能性と矛盾する。第一の質問を権限管轄の問題として分析し、第二の質問を土地管轄の問題として分析することは決して明確な結果と首尾一貫性を与えないであろう。

四　若干の検討

Holleaux らに依れば、ユエの見解は、賛同を得られていない。[54] しかし国際管轄を直ちに土地管轄と考えることには批判がある。では如何なる土地管轄規定では不充分であると考えられるのだろうか。

結局、学説を整理すれば、クシエの土地管轄説、ユエの権限管轄説とゴドメタロンの折衷説、これに時間の関係で他の機会に譲らざるを得ない Franceskacis らの見解がある。[55] とりわけ、Solus et Perrot は権限管轄を想起させるものであり、バルタンも古典的な権限管轄を語ることは述べた通りである。他に、Hebraud が[56] やはり職分管轄説に近い[57] かと思われる。Mayer は土地管轄であるとして、国際管轄権限の集団に属し、唯一の権限に属するものではないことを提示する。しかし、その集団での配分の問題これが国際管轄の本質であろう。即ち、複数の可能な権限のグループの間の管轄の法的決定こそがここでの問題である。ここで、Francescakis と Hebraud について付言すれば、両者の説は、国際管轄、権限管轄のいずれにも属さず、国際管轄は権限管轄に類似する特殊なものであり、内国法のカテゴリーの一つの中で最終的に評価することは無理であるとする。これに対し従来通り、土地管轄でよいとするものに、Batiffol et Lagarde があり、Loussouran et Bourrell もそうである。

なお、ゴドメタロンによればペローの解釈が正しいとは思われない。即ち、裁判管轄権の原則についての公序の性格とは、職権上、管轄権不存在を有効ならしめる条件ではない。しかし、九二条は暗黙に裁判管轄権の原則は公序だとしてる、という。[58] ペローに依れば、フランスの職分管轄は国際事件に於いては公序であり、この違反に関しては裁判官は職権で無管轄を宣告しうるのである。権限管轄説の論拠はまさにここにあり九二条論は未解決のままである。

それではこれらが提示する国際管轄の法的性質については如何なる結論を導くべきであろうか。いかなる規定によるかに関し、まず最初に、裁判の系統（種類）が配分せられるべきまでの段階に於いては職分管轄（権限管轄）とし、その配分が決定されれば、その次の段階では国際管轄は（国際私法上の）土地管轄の性質を帯びると考えられるように思われる。これは通常の内国管轄の決定の方法の構造であるが、しかしながら国際裁判官管轄に於いてもこの両者の段階を経ざるを得ない。両管轄が別個のものであることを強調しさえすれば恐らくゴドメタロンから受けるであろう批判に耐えるものであると考える。

勿論この考え方は日本法的な発想であり、フランス民事訴訟法九二条と整合性を持つかは検討を要する。しかし、フランス民事訴訟法九二条は無管轄を宣告するための内国規定であり（これが土地管轄といかなる関係にあるかは別として）、これに依拠することは不充分であるという批判ももちろんありうるのである。従って、第一の段階に、即ち職分（権限）管轄と考える場合にフランス民事訴訟法九二条との整合性を持ちうると思われる。とりわけ、公序概念——フランスの専属管轄（ないしは裁判制度）――についてさえ国際法上承認を得られるのであれば、その場合にははじめて九二条は国際民事訴訟法としての地位を占め役割を負いうるのではないだろうか。

五　おわりに

以上、フランスに於ける国際管轄の法的性質についての学説の紹介を試みた。

わが国では、逆推知説といういわば土地管轄の類推をはかる考え方が通説であったが、フランスの理論はこの日本の状況に再考を促すものとも言える。

今後は、フランス民法一四条・一五条の分析、更には間接管轄についても考察し、フランスの国際管轄についての考察を深めたい所存である。

（1）　Bartin, Principes de Droit international privé I, §124　これに対し内国管轄を特別管轄とした。この分類に従うのは、Niboyet, Traité de droit international privé français, t. IV, vol. 1, nos 1724, 1714s. ; Solus et Perrot, Droit judiciaire privé, 2e éd., no 285 ; Loussouran et Bourrell, Droit international privé, 3e éd., n° 441 ; Mayer, Droit international privé, 3e éd., n° 293.

(2) Bartin, *op. cit.*, §123 à 126 et §142 et Études sur les effets internationaux des jugements, p. 57s. この見解に従うのは、Niboyet, *op. cit.*, n° 1724, p. 282, et Cours de droit international privé, 2e éd. 1949, n° 669 ; Lapra-delle et Niboyet, Rép. dr. int., La Compétence en matiére civile et commerciale, n° 2 ; Solus et Perrot, *op. cit.*, n° 387. なお、フランスにおける権限管轄は、伝統的には事物管轄であるが、わが国の職分管轄の概念も含む概念である。

(3) Solus et Perrot, *op. cit.*, n° 387 ; Buhart, Note *Clunet* 1984, 159.

(4) G. Holleaux, note D. 1963, 110.

(5) Paris 27 avril 1983, J. C .P. 1986, II, 20542.

(6) *Huet*. *Op. cit.*

(7) Civ. 19 octobre 1959, Rev. crit. dr. int. privé, 1960, 215 ; D. 1960. 37 ; Civ. 23 février 1960, Bull. civ. 1960. I. n° 123 ; Civ. 30 octobre 1962, *Clunet* 1963. 1072, Rev. crit. dr. int. privé. 1963. 387 ; D. 1963. 109, 但し下級審ながら権限管轄とするものがあった Paris, 18 juin 1964, *Clunet* 1964, 810.

(8) Civ. 13 janvier 1981, *Clunet* 1981. 360, Rev. crit. dr. int.. privé, 1981. 331.

(9) Civ. 1er avril 1981, *Clunet* 1981. 812 ; G. P. 1981. 2. 628.

(10) Civ. 26 october 1982, Bllu. civ.1982. I. n° 300, Civ. 16. avril 1985, Bull. civ. 1985. I. n° 113.

(11) Civ. 3 juin 1964, D. 1966. 4.

(12) Com. 14 novembre 1980, BC. 1980. IV. n° 374.

（13）　Civ. 14 novembre 1981, *Clunet* 1982. 926, J. C. P. 1982, II. 19920, Rev. crit. dr. int. privé. 1983. 645.

（14）　Civ. 15 juin 1982, GP. 1982. 2. pano. 327.

（15）　Paris, 15 juin 1982, GP. 1982. 2. somm. 328.

（16）　四二条は、土地管轄は反対の意思表示のないかぎり被告の居住地の裁判所に属することを定め、四五条は相続に関する訴訟は相続人間の請求および債権者からの請求、死因処分の履行に関する請求は遺産分割終了前に相続開始地の裁判所を管轄とすることを定めている。また、四六条は、不法行為、混合契約および扶養料または婚姻の費用の負担についての分担に関する訴訟について、それぞれ履行地、加害行為または損害発生地、債権者の住所地を管轄とすることができる旨を定めている。

（17）　Couchez, *op. cit.*, p. 116.

（18）　*op. cit.*, p. 117.

（19）　*op. cit.*, pp. 117-118.

（20）　Bartin, Principes de droit international privé, t. I, §124 et s.

（21）　Couchez, *op. cit.*, p. 118.

（22）　Solus et Perrot ; Droit judiciaire privé, t. II. "La compétence", n° 386, et s., et 675.

（23）　Couchez, *op. cit.*, p. 121.

（24）　*op. cit.*, p. 122.

(25) *op. cit.*, p. 124.
(26) *op. cit.*, p. 124.
(27) *op. cit.*, p. 124-125.
(28) *op. cit.*, p. 125.
(29) *op. cit.*, p. 125-126.
(30) *op. cit.*, p. 126.
(31) *op. cit.*, p. 126.
(32) *op. cit.*, p. 126.
(33) *op. cit.*, p. 127.
(34) *op. cit.*, p. 128.
(35) *op. cit.*, p. 128.
(36) *op. cit.*, p. 128.
(37) *op. cit.*, p. 129.
(38) Huet, *op. cit.*, p. 343.
(39) *op. cit.*, p. 343.
(40) ここでの公序はわが民法あるいは国際私法で用いられている公序ではなく、裁判秩序すなわち専属管轄違反等を意味するものである。フランス民事訴訟法九二条二項違反がその例である。
(41) *op. cit.*, p. 343.

(42) *op. cit.*, p. 344.
(43) *op. cit.*, p. 346.
(44) *op. cit.*, p. 346.
(45) *op. cit.*, p. 360.
(46) *op. cit.*, p. 363.
(47) *op. cit.*, p. 365.
(48) Gaudemet-Tallon ; *op. cit.*, p. 2.
(49) *op. cit.*, p. 5.
(50) *op. cit.*, p. 16.
(51) *op. cit.*, p. 17.
(52) *op. cit.*, p. 42.
(52) *op. cit.*, p. 42–43.
(53) *op. cit.*, p. 43.
(54) Dominique Holleaux, Jacques Foyer, Géraud de la Pradelle ; Droit International Privé, 1987, p. 354.
(55) Francescakis, R. D. I. P. 1952. 353, R. D. I. P. 1963. 388.
(56) Hebraud, Rev. crit dr. int. privé. 1963. 806.
(57) *op. cit.*, t. II n° 387.

(58)　この議論はクシエの論稿の後に付せられた報告後の論争による。Trav. Comité fr. dr. int. pr. 1977, pp. 136–152.

（付記）

本稿は、フランス民事訴訟法における国際裁判管轄に関する学説についての田中ひとみさんの翻訳作業に基づいてした小生との共同研究を纏めたものである。本来、紹介あるいは研究ノートの段階にあるものであるが、周知のようにフランスには非常に多くの裁判所が存在していることから国際事件において裁判管轄をいかにして決定するか興味深い問題が少なくなく九二条をいかに理解すべきか論議があるところから、力量不足、整理不足を承知の上であえて批判を仰ぐため報告の機会を求めたものである。従って、構成上及びフランスにおける議論の状況が整理しきれていないことから生ずる問題の責任はあげて小生にあることを付言する。

（清水幸雄）

7　クラス・アクションと消費者保護

7　クラス・アクションと消費者保護

一　序

平成一二年五月一二日に消費者契約法が成立した。本法は、欧米型のクラス・アクションを我が国が採用したものと解される。本稿ではこの民事手続について扱い、民事裁判の原則の修正および判決効につき検討する。この制度は、違法行為を抑止し、政策を司法が実現し、多数に及ぶ訴訟を効率化する意義を有している。なお、更に、共同訴訟の参加制度につき判決の一般的効力の観点から再編の提言を行う。また、共同訴訟の再構築を考案したい。

二　アメリカ合衆国におけるクラス・アクション

(1)　アメリカ連邦民事規則二三条には、クラス・アクションの要件が規律されている。(1) 手続保障としては、通知および適切な代表が行われたこと、が挙げられ、クラス・アクションの要件が充足されれば、判決効が及ぶ。(2) これは、期日に在廷しない者は判決に拘束されない、という一般的原則の例外となる。これは加重な負担（訴訟遅延、共同訴訟の拡大）を回避すべきである、という意識の表れである。たとえば、代表者に不服がない場合、欠席者は上訴しえない。[3] 欠席した場合の要件につき、最高裁は規則二三条(b)(3)の適用に、四要件を判示した。[4] 即ち、第一に欠席者通知に加え聴聞の機会を得なければならないこと。第二に通知は Mullane v. Central Hanover Bank & Trust Company の基準によること。[5] 第三に欠席クラス・メンバーは訴訟にオプト・アウト（脱退または離脱）する機会が与えられねばならないこと。第四に判決名宛人となる原告は適切にクラス（団体、原告団）を代表しなければならないこと、である。この点はその後混乱をみたが、ベンーハー判決により、解決されている。[6] このベンーハー判決に於いては利害を構成する全てのメンバーは判決に拘束されるとした。さらに、また、「従来の矛盾する判決は排除されなければならない。全てのクラスは判決により終結しなければならない」とした判決がある。[7] また、判決で名宛人として特定されたとしても、欠席者に十分な通知がされていなかった、[8] あるいは、代表が不適切であった場合には、[9] 欠席したクラス・メンバーは判決に拘束されない。メンバーのデュープロセスがここでは保障されていないからである。[10]

(2)　次に、クラス・メンバーに共通の問題につき、クラス・アクションからオプト・アウトした者が、クラスに有利な判決を自己のため、有利に援用することは、許されるか否かが問題となる。[11] この問題は、一般的には、エストッペルの相互性の観念に関する同様の多数の問題を提起する。すなわちオプト・アウトの設営に際し二つの追加的作用に関する準共同訴訟的性格を正当化する為、問題となる。まず、オプト・アウトするクラス・メンバーが有利な判決を援用する事が許されるなら、本来オプト・アウトする理由はない。広汎なオプト・アウトはクラス・アクション制度の有効性を害するであろう。時としてクラスに残ったメンバーが参加することが、もはや実効的ではなく、クラス・アクションは基本的な要件（ここに於いては、適切な代表）を充足しないこととなって、この制度は失敗する。第二の理由として、歴史的に一九六六年改正以前の連邦規則二三条は州のクラス・アクション規定と同様、一方的参加（1way intervention）を許容することとされる。しかし、このことは欠席したクラス・メンバーが参加する前に、有利な判決が達成されるまで待機することを認め、不利な判決を無視することとなり、一九六六年改正はこのような実務を終わらせるため、設営された。[12] 即ち、欠席者やオプト・アウトした者にも不利な判決は拘束力が認められる。[13] 通知・適切な代表の二要件を充足しなければ、判決効は及ばないが、二要件を充たすならば、有利か不利か問わず、判決効が及ぶ。手続保障を充足するからである。オプト・アウトは通知又は、適切な代表が無い場合に極限すべきで、広汎なオプト・アウトは認められない。この二要件の手続保障を充足すれば、原則としてオプト・アウトは許容すべきである。この場合、参加という制度の本来的趣旨よりオプト・アウトした者は完全に別個の訴訟を最初から行うこととなる。筆者は従来この場合、係属中の前訴が、後訴に及び、後訴においては固有の抗弁と新主張のみ主張するもの、と考えていた。類似共同訴訟で、統一的、画一的解決のため、である。しかし、改説したい。みずから通知等、権能なく主張した前訴は不当な判決とされるべきであり、手続保障はなく、有利・不利を問わず、判決効は及ばないと考える。類似共同訴訟の判決効拡張は極めて政策的で、このような発想は統一的・画一的解決あるいは訴訟経済の誤解である。本稿では、一般的効力（後述）として判決効の観点から新しい提言を行いたい。従来、共同訴訟は通常共同訴訟、固有共同訴訟、そして、類似共同訴訟、と三分類されたが、これは、原告適格からの分類であり、判決の効力は別個に考えるべきである。手続保障の有無により、オプト・アウトをし、別訴が許されるか、あるいは、オプト・アウトが許容せられず、そのまま判決の名宛人となるか、いずれかで、あると、現在は考える。従って、類似共同訴訟及び判決の拡張の観念は私見では、許容せず、共同訴訟を三八条の通常共同訴訟と、固有必要的訴訟および参加（後述）のみを肯定し、参加の判決の効力は一本化され（一般的効力）、参加とは、参加（オプト・イン）により、判決手続を経て判決を得るか（さらにオプト・アウトにより別訴を行うか）という共同訴訟形態をいうものと私見では思料する。これが、参加および共同訴訟の本来的な考え方であると考えられよう。共同訴訟は、「共同」訴訟の点で、第一に原告適格（通常共同訴訟、固有必要的訴訟）が認められるか、第二に、判決が一個か（三八条の通常共同訴訟か、参加か。参加制度はこのための判決を一本化する潜在的当事者のための技術である）の修正（処分権主義、弁論主義等）あるいはまた、制約（主張共通、証拠共通等）を受けるのである。手続保障として、通知が適式になされ、適切に個別の当事者の利害が主張・立証されたか、が共同訴訟の要件となる。なお、民事裁判では、個別訴訟が基本的であり、共同訴訟形態として参加するか、は任意に許容すべきである。この例外が固有必要的共同訴訟である。また、さらに、日本の消費者契約法では、消費者団体にのみ原告適格を認める立法例であるが、母法国のイングランドのクラス・アクションでは、このような認識は全くない。原告はなんら原告適格の制約のない、単なる「団体」である。また、母国では差止しか認めない衡平法（エクイティ）で発展したが、クラス・アクションは現代的には、欧米では、広く損害賠償をも請求しうるものである。拡散的（かつ少額の）損害を救済する趣旨であるからである。

クラス・アクションはイングランドの衡平裁判所法（Chancery）に由来する制度である。これは、通常の裁判手続では救済されない事例を扱う裁判のもう一つの方式であり、救済法とも翻訳されている。本来は利害を同じくする小規模の請求を行う多数の原告が平和条項（bill of peace）に基づき、次の主張をすれば、救済せられた。即ち①その原告（団体）が大規模であるため、訴訟への参加が不可能であるか訴訟が為しえない場合。②審理されるべき争点に付いて参加の利益をすべての参加者が有する場合。③判決の名宛人となる当事者が、適切に欠席者の利益を代表すること。(14) 以上の要件でクラス・アクションは許容された。

(3)　アメリカでは、特に株主代表訴訟などで、一九世紀に発展した。独禁法、保険事件、環境訴訟、また、民族や性差別、国家の利害に関する裁判が多く、そして、また、一九九〇年代には、消費者訴訟や大規模不法行為訴訟、製造物責任事件などが、クラス・アクション特有の事件として、多く見受けられる。

また、クラス・アクションは大規模な反対当事者への判決を行う（小規模な）個々の被害者（集団・クラス）のしくみ（クラスの規模・代表の適切さやクラス・メンバーの個別の利害（損害や過失の程度））などをどのように、どう、共同訴訟として、社会的是正手段として裁判所が扱うか、そして、そもそも、この裁判を行う法律家（裁判官・弁護士・司法書士など）の役割は何か、という問題を提起する。本来、裁判では、企業等被告に指導的な役割が司法権に期待でき、不正な利益の掃出しや企業倫理および、経営方針の再考を要請する裁判が多い。三倍額賠償事件が多いのも頷けるところであろう。行政指導と同様に、政策的判決、公共的判決として社会的責任の果たされるべき局面としては、通常の裁判となんらも変わりない法的制度である。イングランドのエクイテイそして、参加、共同訴訟という訴訟の側面の本来的あり方は社会が形成される場面においてこのようなものであろう、ということはできるのではなかろうか。行政事件も本来このような性格を有するのである。

(4)　日本の消費者契約法に於いては、差止請求について、内閣総理大臣の認定を受けた適格ある消費者団体が、(1)不当な勧誘行為（不実告知（四条第一項一号）、断定的判断の提供（同二項）、不利益事実の不告知（四条二項）、不退去、不退去の妨害（四条三項））の取消が権利として行使できることを認める。

また、(2)不当契約条項の使用（①事業者の損害賠償責任を免除する条項（八条）、②消費者が支払う損害賠償の額を予定する条項（九条）等、③消費者の利益を一方的に害する条項（一〇条））の無効の主張をも認めるものである。

本来、これらは、個人が不法行為（民法七〇九条）に基づき損害賠償（金銭賠償）の請求が、個別の訴訟に於いて単独で独自に可能であるし、また、製造物責任や詐欺事件（刑事事件）としても社会的に責任の追及がなされる場合でもあろう。

消費者契約法は、原告を限定し、請求を差止のみとし、被告をも、会社等に限定する法律であるが、問題が多いものといえよう。クラス・アクションは政策論に及ぶため、時宜に即応した、柔軟な対策が努力されるべきであろう。

(5)　アメリカ連邦民事規則二三条に関して紹介しておく。まず(a)項では、(1)審理の併合が実際上困難で、(2)共通の法律上・事実上の問題が存在し、(3)代表者が典型的な請求を行い、(4)クラスの代表が公正、適切にクラス・メンバーの主張を行うことにより、クラス・アクションは許容される。さらに次の場合もこの制度が許容される。すなわち、(b)項では、(1)号において、(A)裁判の統一の要請があり、裁判が矛盾すると相手方がどの行動をとるべきか、不明確な場合、(B)クラスで一回の裁判をしないと、他者の権利の行使となったり、または他の主張を害し、あるいは妨害する場合。

(b)項の(2)号では相手方が、作為をせず、あるいは作為をすることにより、差止による救済、あるいは、宣言による救済が適切と思われる場合。

(b)項の(3)号においては、共通する法律又は事実に関る問題が、構成員個人の請求によるよりも、クラス・アクションによる救済が公正かつ効果的な場合。また、この場合には構成員の利益、訴訟の性質や範囲、法廷地、訴訟の運営の妥当性が考慮されることとされる。

(6)　そこで、日本法への示唆として、消費者契約法につき、民事裁判のあり方を考えてみたい。まず、適格団体に付与された地位ないし資格とは何か。民訴法上、実体権の保護と保障及び実現がその使命であるが、共同訴訟に於いては、集団的訴権行使と代表による訴訟追行権および法一二条で差止請求権が認められた点に意義がある。[15]

管轄に関しては、民訴法五条の特別管轄につき、事業者の行為地が肯定される（四三条）。訴額は差止請求に関し、財産権上の請求でない請求（（民訴法八条二項）とされる（四二条）。申立あるいは職権で他の同種の訴訟が係属中であれば、その当事者の住所地・所在地、または、証人の住所地が管轄に認められ、移送が許される（四四条）。請求の内容及び当事者が同一の係属中の審理は併合される（四五条）。

第二に、訴訟の開始に際し、訴状が適式であれば、通知の手続が行われ、クラスの規模が適切か（適切でなければ、クラスの分割、これに伴う代表者の決定）、代表者が適切な代表を為すか、クラス・アクションが経済的に維持可能か、差止の期限の設定等の決定を職権で行うこととされよう。クラス・アクションに於いては、原告適格や審判対象が特に職権主義による負担が大きいといえる。

第三としては、代表者は選定されず、自ら名乗り出るのであるが、代表者による訴訟追行がなされ、判決の基準時に至るまでに、通知を受けて訴訟に参加（opt-in）して来た者には、判決の名宛人とされる。訴訟追行の有無を問わず、クラスのメンバーとされれば判決の効力が及ぶ。また、訴訟係属中に代表者により、適切に利益が代表されていない場合には、原則として、訴訟からの脱退（opt-out）が認められ、別訴が独自に可能となる。この場合、前述したとおり、前訴判決は拡張されない。独自に最初から訴訟追行すべきである。

第四として、処分権主義と弁論主義の修正が若干ありえ、この点検討する。まず処分権主義の例外として提訴の方法が異なる。訴状の原告の特定は、例えば、加害企業のＷＥＢ上のホーム・ページにより、訴訟の存在を知った者も含む。また、クラスのメンバー（当事者）には係属中にオプト・インした者も加えられる。訴えの取下げ、請求の放棄、認諾、訴訟上の和解に加え、オプト・アウトが十分かつ実質的利害の代表がなされなかった場合、原則として認められる。処分権主義の観点から、手続保障（通知あるいは適切な代表）が充足されないならばオプト・イン（参加）やオプト・アウト（脱退）は原則として、許容すべきである。ここでは、共同訴訟による紛争の一回的解決とオプト・アウトによる個別訴訟による救済の調和（集団化か個別化か）が要請される。

弁論主義の例外・修正として、口頭弁論の当事者権が問題とされる。争点整理の徹底・拡充により、共同化されるメリットが促進され、証拠収集制度の充実が更にまた共同化のメリットとなる。即ち、合一確定の目的での主張・立証の共通化が望ましい。

第五に、判決では、個別の事実認定（過失の割合、損害額など）が為され、一個の判決が言い渡される。提訴権と判決効は、共同化され、合一確定が本来的である。デュープロセス、手続保障（通知・適切な代表）に違反すれば、判決は及ばない。判決効はこの場合、拡張されず、個別訴訟によるべきである。紛争として、個別の利害がどこまで同一の利害、合一確定が可能であり、共同訴訟とされうるか、問題とされる。裁判は複雑化されるべきでなく、訴訟のコスト、訴訟経済が重視されるべきであり、もし、裁判の負担が大きいならば、弁論の分離やクラスの分離、オプト・アウトを促して、訴訟を個別化すべきである。個別化する際には、政策的な判決、公共的な影響力、被告側への規制への社会責任の聞い方を含めた扱いが不可欠である。

第六として上訴は、代表者に不服があれば、認められる。不服があれば、上訴手続に参加しえ、不服が無ければ、そのメンバーは判決を確定し、上訴せず、別訴を為すことも許容される。欠席者の扱いには、すでに言及した。クラス・アクションの普及や参加のため訴訟救助（法八二条）が活用されるべきである。

三　参加制度

(1)　日本法上、様々な参加制度が考案されている。独立当事者参加（四七条）は我が国独自のシステムであるし、補助参加（四二条〜四六条）はフランス古法やドイツ法典（ＺＰＯ）に於いて現行法として日本以外に唯一、立法例がある。

講学上は、さらに共同訴訟的補助参加の主張があり、また共同訴訟参加（五二条）の規定がある。三八条によれば、同種の請求、同一の当事者、同一の原因の場合によって、共同訴訟は認められ、訴訟は「共同化」する。共同化することにより、主張・立証にいかなる制約が生じるのか、がここで、問題とされる。

(2)　次に共同訴訟における参加について論究する。参加制度は各国において多様に規律されている。主観的な後発的な併合を認める訴訟形態である。

平成一〇年施行の新民事訴訟法においては、第三節訴訟参加において、主参加が廃止され、補助参加(四二条)はそのまま残され、他の参加形態については、独立当事者参加(四七条)、共同訴訟参加(五二条)が規定された。このような参加は、「訴訟の結果について利害関係を有する第三者」(補助参加四二条)、「訴訟の結果によって権利が害されることを主張する第三者又は訴訟の目的の全部若しくは一部が自己の権利であることを主張する第三者」(独立当事者参加四七条)が、また、「訴訟の目的が当事者の一方及び第三者について合一にのみ確定すべき場合」に「その第三者は、共同訴訟人としてその訴訟に参加することができる」(共同訴訟参加五二条)とされる。裁判所は審判するに際して、請求の主観的後発的併合すなわち共同訴訟の参加を認める。しかし参加についてはその形態において、沿革上疑義があり、本来、参加が別個独立の訴訟手続として、共通の審理のため、審理が併合されるべきものとして考えられるべきであり、この問題意識を踏まえるならば、二つの必要的併合審理を肯定し、後発的参加を当事者適格(訴訟の結果に利害関係あること)をもって、判決効を合一確定の観点から及ぼすこととすることが本来的に妥当であろう。オプト・イン(参加)、オプト・アウト(脱退)による判決の一本化と個別化があり、判決効の主観的拡張が行われ、ここでは判決の理由中の判断の効力が判決効の内容とされる。私見では、判決効は主文では、請求の棄却か認容しか判らず、判決の理由中の判断を判決効とすべきなのであり、主文にのみ判決効を認めたのは、給付判決のみしか発見されていなかった時代の判決効の名残であろう。判決の効力は確定力が基本的であって、この意味において確認訴訟が本来的訴訟とされる。さらに、確認判決と給付判決、確認判決と給付判決と形成判決、確認判決と形成判決が観念され、複合されるべきである。

(3)　そもそも訴訟において対立する原告と被告のいずれか一方または双方が複数である場合を共同訴訟と呼ぶ。共同訴訟人はそれぞれが当事者であり、それぞれが訴えまたは訴えられるのであり、訴訟の当事者として判決の効力が及ぶ。この共同訴訟という裁判を認めるのは、複数の当事者が一人一人個別に訴えまたは訴えられ、複数の個別訴訟が同時または異時的に判決手続とされるより労力・時間および費用が軽減されることによる。このことによって、当事者によって提出される訴訟資料及び裁判資料が共通し裁判の抵触を防止しえ、主張の繰り返しは回避されよう。また、当事者の主張・立証の事実認定につき判決は合一確定され紛争の合理的解決が図られる。現行の共同訴訟の規定は個別に成立しうる訴訟（当事者ごとに定立された請求）が共通し審理判決された併合訴訟とされるが、多様な紛争には対応していない。最近の公害紛争は大規模に関する特則（第二六八条〜第二六九条の二）による審理が行われる。さらに、消費者訴訟では消費者契約法が適用される場合がある。特別法である。本来、共同訴訟においては、潜在的当事者が当事者として、訴えまたは、訴えられる場合（反訴）、多数（少額）被害の損害賠償請求が可能とされる。不特定、多数の被害者が当事者として利益が不当に害されたことを理由に共同訴訟を提起して利益擁護を図るためである。たとえば、保険詐欺のように、事業者（法人その他の団体及び事業として又は事業のために契約の当事者となる場合における個人）が消費者契約の締結の際に勧誘し、不実の告知・真実の不告知が故意に為された場合、等がこれに該当する。本来、不法行為（民法七〇九条）または債務不履行（民法四一五条）に基く損害賠償請求訴訟が個別訴訟として可能な場合である（同法八条参照）。これを共同訴訟として、個人の被害者がまとまって一個の訴訟として提訴する点で消費者保護法は意義を有する。私見では、差止請求に加え損害賠償請求も肯定すべきであると考える。損害賠償請求の免責条項の無効（同法九条）の判断と合一確定して一回の裁判で判決効を及ぼすことが妥当であるからである。欧米（イギリス、アメリカ、ノルウエー、カナダ、デンマーク、スウエーデン等）ではクラス・アクションとして、古くから伝統がある。いずれの国の制度構築が妥当であろうか。今日的にはホーム・ページで企業は裁判の告知を行うのが通例である。そこで、オプト・インをより重視するスウェーデンあるいは三万円以下の少額被害を主に想定しているデンマーク、ノルウェーは参考とするには余り適切ではないであろう。むしろ、個別訴訟を認めるオプト・アウト型のカナダ（オンタリオ、ケベック）・アメリカ合衆国が適切である。特にアメリカ合衆国では、紛争の多様性を前提として、争点の共通性、代表の適切性、典型性を制度構築しており、最も適切である。代表が適切でなければ、共同訴訟に拘束するべきではなく、オプト・アウトを原則とし、デュー・プロセスを貫徹させるべきであろう。アメリカ合衆国では、不適切な利益を吐き出させるしくみとされて、実効性を追求する制度と思われる。

(4)　平成一〇年の新法では、主参加が削除された。共同訴訟の制約、例外化の体系に於いて、本来、このような共同訴訟は他国に見られるごとくの参加ではなかったからである。私見によれば、クラス・アクションにおけるオプト・インが本来の参加である。従って新法後も存在している立法上、また講学上の参加はそもそも参加ではなく不要である。そもそもこれらは、共同訴訟人間の地位・権能において、不適当であり、共同訴訟として、判決を受ける当事者性として不適切である。法改正が望まれるところである（後述）。

四　参加の判決効としての一般的効力について

(1)　私見では、クラス・アクションは日本法では類似共同訴訟である。ここでは、同一の利害につき、一回の請求を行う。判決効は拡張される訴訟形態である。しかし、そもそも、個別訴訟が民事裁判の基本であり、当事者性が個別であって、紛争性が多様、希薄である、類似共同訴訟は、共同訴訟とはされないであろうと思われる。日本法の独立当事者参加、補助参加、共同訴訟的補助参加といった参加は、このような点から、比較法的には、参加ではない。参加とは、クラス・アクションにみられる、オプト・インをいうのが、本来的である。諸外国におけるクラス・アクションの共同訴訟もそうであるといえる。

ここで、参加の一般的利益を保護する判決効を考案したい。本来、二当事者対立構造では、個別の利害を反映して、追行された主張・立証された個々人の権利・義務、また、法的利害を損ねぬよう、訴訟形態が存する。個人主義的な民法の構成を反映しており、この近代的思想を判決に反映させると、判決効の拡張は本来、無意味であり、肯定できない。判決で一くくりにする場合、審理の併合、共同訴訟の参加があるが、これは審理の分離、共同訴訟のオプト・アウトにより、また、個別の判決が行われることとなる。日本の従来の参加（補助参加、独立当事者参加、共同訴訟的補助参加、共同訴訟参加等）は判決を一本化する、判決効の拡張を為すものであり、この点に於いて、不適切であった。参加は、オプト・アウトと全く無関係な共同訴訟の形態であったということができよう。訴訟追行しない第三者に判決効が拡張して及ぶ場合、手続保障に反し、当事者権を害するものである。訴訟に加わる（参加）とは、当事者として訴訟の追行を行い、当事者適格が認められた場合をいうべきである。このようにして判決の効力は、一般的には、純粋に個別に各当事者に名宛人として及ぶ。そして、個別の訴訟が本来的であって、個別に後訴も可能である。上訴、再審も同様とされる。当事者権・手続保障も重大性がここにある。従って、補助参加の参加的効力は否定されることとなる。判決の効力として、裁判を受ける権利という憲法上の基本的人権の価値から、提訴権の制約は無く、差止請求に、さらに損害賠償請求が妨げられない。本来的には、実体権の発生は継続的に起こり、かつ損害の填補・救済も不可欠であるからである。このように、判決の効力は一般的な存在であって、このように社会は構築されている。これを一般的効力と呼んでおく。このような法的構築は家事事件、行政裁判、会社訴訟等にも応用されよう。このような領域では判決効の拡張が行われるが、筆者は、これを対世効であると考える。

(2)　一般的効力に関して論究したい。一般的効力を例えば、差止請求事件の判決の効力に肯定すべきである、とする私見については、憲法訴訟のアメリカ型の付随的違憲審査制とドイツ型の抽象的違憲審査制が有名である。付随的違憲審査制においては、前提とされる関連する法令につき必要な限りに個別的解決を図る。これに対し抽象的違憲審査制に於いては個々の判決に法律と同様の効力を認め憲法秩序の維持を図る目的を有する。日本での抽象的違憲審査制の採用の可能性として、通説は否定説である。権力分立、国民主権の原則を理由とする。肯定説は裁判に実体的立法権限を付与する。法の体制の統合性を確保し、法化すなわち、法の社会化を提訴権者たる市民レベルで認める。こうでないとすれば、憲法を超える超法規的な法に国会の統制がとれないこととなる。アメリカ合衆国に於いても、議会中心主義から司法権の優越への移行が認められる。私見は司法権が法律のプロフェッショナルとして指導的立場を三権に於いて有するものと考える。民主的契機のない司法においては、むしろ、法を適正に運営する素養があり、法の是正を図って指導的役割を担当することは可能である。行政を法により、制約し、それにより、国民の人権を保障することとなる。よって一般的効力は日本においても採用されうる。国会の優越的地位により、国会自らが法律の是正をなしうるのであり、三権分立上は、全く問題ないであろう。判決は法律としてと同様、一般的効力を有し、違憲とされた法律は遡及的に効力を失い、判決の違憲無効の適示部分に関してはいわば、国会の法改正に至るまで法律の一部として、一般的効力を有するということとなる。これらの制度は、『憲法』と『民主主義』との微妙なバランスの上に依拠する。憲法の最高法規性と国会の民主的契機の運用如何ということとされよう。法令の違法性ないし妥当性の確認は、現実感覚により是正されるべきである。従って、合憲性の範囲内に於いて、司法権により、法令は是正されうる。違憲性については、司法権の役割は、権力分立から、また、その法の適用の権限から具体的事案の解決の為、個別具体的妥当性の当否が法的安定性よりも優位する場合に認められる。先例性のある範囲で一般性が認められる英米法のシステムよりもこれは強力な権能であると言える。国民の民主的統制の欠けている点で法の継続的推進形成が維持される形で司法権の固有の法領域を確立し、これに対して国会は是非を論じ法改正を行うこととされよう。判決は一般的効力を有する先例的な部分と傍論といった個別具体的事案に対する判断の二つの体系性を有することとなる。法の解釈に関して法の継続的推進形成は、法の欠缺の補充及び制定法に反した法形成の是正を行うものであり、司法的立法による法形成あるいは法創造作用といわれる、司法権の権能である。法解釈学として、ドイツの戦前にヘックにより利益法学が提唱している。違憲判決後の違憲状況を是正することができる。

これに対し損害賠償につき為される給付判決は個別的解決であり、一般的効力を有する差止請求の形成判決をも為す第四の訴訟類型である。民事裁判という意味では、訴訟物の内容を広く把握して、判決効を後訴に対し広汎に及ぼすべきものと考える。公共的判決としての重要性がより高まるからであり、他の別訴への先例として一般的効力を重視しうることとされよう。これにより、ある社会的事実に対する判決ないし社会的評価が予測可能となり、深く市民生活に係わる契機となるであろう。一般的効力とはこのような役割を持つものである。

(3) 筆者はかつて、独立当事者参加の一部の者の上訴で判決効の拡張を試みたが改説することとしたい(16)。独立当事者参加自体訴えを否定する。すなわち、独立当事者参加、補助参加、共同訴訟参加、共同訴訟的補助参加では、判決理由中の判断に判決の効力を認めるべきと考えたが、このことは、本来、判決の効力は判決理由を見なければ分からないことからそうであって、必然的であり、アメリカ合衆国の争点効もそうである。判決理由は更に、拡張され、後訴では矛盾回避、統一的解決が行われる。反射効の趣旨はここにある。私見は裁判官の事実認定に判断の正当性、真実の発見を主張して、判断効という判決理由中の判断に判決効を肯定する。更に判断効は拡張せられる。後訴に派生的訴訟として位置付け、派生的判決を認め判決効の拡張を行う。判決主文に判決効を認めることは、給付判決の産物であり、判決理由にこそ、判決効を肯定すべきである。確認判決はこの意味に於いて、本来的な判決の効力であるといえる。筆者は第四の判決の効力をかつて主張した[17]。現在では、(1)確認判決、(2)給付判決、(3)形成判決、(4)確認判決と給付判決を合わせた判決、(5)確認判決と形成判決を合わせた判決、(6)確認判決と給付判決と形成判決を合わせた判決、を判決の効力として、認めたい。筆者の言う第四の訴訟類型とは最後の(6)の判決を有する訴訟類型である。

五　結　語

クラス・アクションは本来個別的救済を図る訴訟であり、今日的には違法行為の抑止、是正を促す公共的・政策的な共同訴訟である。日本では公害訴訟などにおいて、規制や排除、抑止が行われた。早期の迅速な裁判による成功事例といえよう。行政と協力・役割分担を行い、政策目的の実現と実効性の確保が図られ、指導的な法政策の実行が司法権には期待され、要請があるところである。時代のニーズに即応した柔軟な問題解決が確実に図られるべきであろう。今後の司法運用に期待したい。

(1) アメリカ連邦民事訴訟規則は次による。(英和対訳)アメリカ連邦民事訴訟規則(2004-05Edition)(渡辺惺之・吉川英一郎・北坂尚洋共訳)レクシスネクシス・ジャパン株式会社。

(2) クラス・アクションは全ての要件が充足されれば実際その事件に参加したか否かに関らず、全てのクラス・メンバー(構成員)に判決効が及ぶ。私見では、対世効である。Cooper v. Federal Reserve Bank of Richmond, 467 U. S. 867, 104 S. Ct. 2794, 81 L. Ed. 2d 718 (1984); Hansberry v. Lee, 311 U. S. 32, 61 S. Ct. 115, 85 L. Ed. 22 (1940); Supreme Tribe of Ben-Hur v. Cauble, 255 U. S. 356, 41 S. Ct. 338, 65 L. Ed. 673 (1921).

(3) Walker v. City of Mesquite, 858 F. 2d 1071 (5th Cir. 1988); Guthrie v. Evans, 815 F. 2d 626 (11th Cir. 1987).

(4) 472 U. S. 797, 105 S. Ct. 2965, 86 L. Ed. 2d 628 (1985). Shutts 事件では、カンザス州は連邦規則二三条(b)三項にパラレルに提訴しており二三条(b)一項の下でのこれらの領域の同様の要件が必要か意見を判示しなかった。472 U. S. at 811 n. 3, 105 S. Ct. at 2974 n. 3 このようにしていくつかの下級審裁判ではShutts 事件を二三条(b)三項の下での事例に限定し、オプト・アウトが可能であったとする。オプト・アウトする権利がないとしてもクラス・アクション判決は拘束力を有すると判示している。See, e. g., In re Joint E. & S. District Asbestos Litigation, 78 F. 3d 764 (2d Cir. 1996); Brown v. Ticor Title Ins. Co., 982 F. 2d 386 (9th Cir. 1992); cert. dismissed 511 U. S. 117; White v. National Football League, 822 F. Supp. 1389 (D. Miss. 1993), affirmed 41 F. 3d 402 (8th Cir. 1994) cert. denied 515 U. S. 1137. しかし、憲法上オプト・アウトの権利があり、したがって判決効が排除

されるかは裁判所に困難な問題をもたらす。参照。例。Colt Indus. Shareholder Litigation v. Colt Indus. Inc., 77 N Y. 2d 185, 565 N. Y. S. 2d 755, 566 N. E . 2d 1160（Ct. App. 1991）.

（5） 399 U. S. 306, 70 S. Ct. 652, 94 L. Ed. 865（1950）.

（6） 255 U. S. 356, 41 S. Ct. 338, 65 L. Ed. 673（1921）.

（7） 255 U. S. at 367, 41 S. Ct. 338. 65 L. Ed. 673（1921）.

（8） See Anderson v. John Morrell & Co., 830 F. 2d 872（8th Cir. 1987）, Penson v. Terminal Transport Co., 634 F. 2d 989（5th Cir. 1981）, Pearson v. Easy Living, Inc., 534 F. Supp. 884（S. D. Ohio 1981）.

（9） 次と比較せよ。Grigsby v. North Mississippi Medical Center, Inc., 586 F. 2d 457（5th Cir. 1978）, そしてまた、Gonzales v. Cassidy, 474 F. 2d 67（5th Cir. 1973）. 適切に代表されていなかった事例。with. Dosier v. Miami Vally Broadcasting Corp., 656 F. 2d 1295（9th Cir. 1981）. そしてまた、Fowler v. Birmingham News Co., 608 F. 2d 1055（5th Cir. 1979）.

（10） ある裁判所は通知が代表のいかなる瑕疵も治癒するとする。In re Four Seasons Secs. Laws Litigation, 493 F. 2d 1288（10th Cir. 1974）. 反対に、通知を受け取ってもしそのクラスのメンバーが適切に代表されていてもその瑕疵は治癒されず、通知がないとされる。通知を受けながら訴訟に参加しなかったのに判決を受けた場合も考慮しないでよい。Johoson v. American Airlines, Inc., 157 Cal. App. 3d 427, 203 Cal. Reptr. 638（1984）. この問題はクラス・アクション判決の拘束力の派生的政策の判例評釈（NOTE）で論じた。NOTE, Collateral Attack on the Binding Effect of Class

Action Judgements, 87 Harv. L. Rev. 589（1974）; Comment, The Importance of Being Adequate: Due Process Requirements in Class Actions Under Federal Rule 23, 123 U. Pa. L. Rev. 1217（1975）.

（11）比較せよ。Saunders v. Naval Air Rework Facility, 608 F. 2d 1308（9th Cir. 1979）（争点効が認められた事例）。Premier Elec. Constr.Co.v. Natuonal Elec. Contractors Ass'n, 814 F.2d 358（7th Cir. 1987）（争点効の事例ではない）。参照。一般的には George, Sweet Use of Adversity: Parklane Hosiery and the Collateral Class Action, 32 Stan. L. Rev. 655（1980）; Note, Offensive Assertion of Collateral Estoppel by Persons Opting Out of a Class Action, 31 Hast. L. J. 1189（1980）.

（12）参照。Kaplan, Continuing Work of the Civil Committee: 1966 Amendments of the Federal Rules of Civil Procedure（I）, 81 Harv. L. Rev. 356, 391 n.136（1967）.

（13）私見に依るならば、判決理由中の判断は、裁判官の事実認定として判決効を有する。この効力を判断効と称したい。参照。拙著「判決理由の判断効――独立当事者参加の一部の者の上訴を例として――」「城西現代政策研究」第三巻第一号三頁（二〇〇九年）。

（14）Adair v. New River Co., 11 Ver. Jr. 429, 443-45, 32 Eng. Rep. 1153, 1158-59（Ct. Ch. 1805）（dictum）.

（15）立法者は本制度は少額で拡散的な紛争につき未然に予防し拡大を防止することを目的とする、とし、適格消費者団体が、事業者等による不当な行為を差止めることができることを旨としている。加納克利「消費者契約法一部改正の概要」ジュリスト一三二〇号四八頁。なお、一二条の二に関しては実体権の喪失か、判決効の拡張かが立法審議において争われた。立法者は前者である。訴権に関して言及すれば、実体権がまずあり提訴する（訴権の存在）わけであるが、一回的に訴権を行使すると（実体権ではなく）、訴権は消滅する。これにより再訴は、通常禁止される。「請求内容の同一性」があれば、同一当事者の後訴は口頭弁論終結後の事由がなければ、禁止される（新堂説）。これをクラス・アクションとして構成するならば、同一被告への同一事件（事案）について、他の団体による前訴判決後について一般的効力があり、個別的な解決ではなく、一般的な抽象的な判決効であることを提言したい。前訴は援用される。これは相対効の例外であり、判決効の拡張ではなく、形成判決と同様の対世効である。公共的意味からである。

(16)　拙著注(13)を参照迄う次第である。

(17)　拙著「新しい判決の効力」「城西現代政策研究」創刊号二二五頁（二〇〇七年）。

著者略歴

田中ひとみ

1958年8月　東京生まれ

1979年3月　慶應義塾大学法学部卒業、1987年3月　慶應義塾大学博士課程単位取得退学

山梨県女子短大（現山梨県立大学）専任講師、1991年4月　山梨県立女子短大助教授。その後、関東学園大学法学部専任講師、駿河台大学法学部、山梨学院大学法学部、亜細亜大学法学部、電気通信大学、成城大学非常勤講師を経て、

現在　城西大学現代政策学部准教授

著書『民事法の諸論点』（信山社　2010年）

民事法の争点

2012年4月30日　第1版第1刷発行　　9346-01011

著　者　田　中　ひとみ
発行者　今　井　　貴
発行所　株式会社 信 山 社
〒113-0033　東京都文京区本郷 6-2-9-102
電　話　03-3818-1019
FAX　03-3818-0344
henshu@shinzansha.co.jp

印刷・製本／ワイズ書籍・牧製本
ISBN978-4-7972-9346-3 C3332